Ulrike Guérot
Matthias Burchardt

Das Phänomen Guérot

Demokratie im Treibsand

Ein Podiumsgespräch mit dem Publizisten und Philosophen Matthias Burchardt

klarsicht

Ulrike Guérot und Matthias Burchardt
»Das Phänomen Guérot: Demokratie im Treibsand«

Mit einem Nachwort von Gabriele Gysi

Dieses Buch wurde auf FSC®-zertifiziertem Papier gedruckt. FSC® (Forest Stewardship Council®) ist eine nicht staatliche, gemeinnützige Organisation, die sich für eine ökologische und sozialverantwortliche Nutzung der Wälder unserer Erde einsetzt.

Umschlaggestaltung: Beate B. Köhler
Umschlagfoto: Matthias Burchardt
Lektorat: Anke Schenker
Korrektorat: Dr. Ilka Wonschik, Nicole Sutter
Satz, Lithografie und Herstellung: Robert B. Osten

Printed in Germany

1. Auflage 2023
ISBN 978-3-98584-238-4

www.klarsicht-verlag.de

Vorwort

Das Licht der Öffentlichkeit hebt den Einzelnen aus der Masse heraus wie den Solisten aus einem Chor. Wir bewundern und beneiden diese Personen, weil sie sich – wörtlich und bildlich – im VIP-Bereich des Gemeinwesens aufhalten dürfen. Die Medien geben ihnen Sendezeit, schenken ihnen Aufmerksamkeit, dieses so knappe Gut in den Zeiten der atemlosen Beschleunigung und der Informationsüberflutung. Nicht immer korreliert die mediale Prominenz einer Person auch mit der faktischen politischen oder kulturellen Relevanz. Im Gegenteil: In Zeiten von Trash-Formaten im Fernsehen und Influencerkarrieren in den sogenannten sozialen Medien scheinen Reichweite und Relevanz weitgehend entkoppelt zu sein. Offen gestanden haben wir in Deutschland nur noch sehr wenige Personen, deren Prominenz auf herausragenden Qualitäten oder ihrer tatsächlichen Bedeutung für das kulturelle Leben beruht. Dies mag unter anderem auch daran liegen, dass sich herumgesprochen hat, wie flüchtig der Ruhm sein kann. Andy Warhols berühmte »15 minutes of fame« sind schnell verstrichen. Und außerdem: Wer möchte diesen Ruhm schon im inflationären Umfeld von Schlagersternchen, Politdarstellern und Abziehbildern des Ideologiemarketings erwerben?

Vielleicht hat sich aber auch die Einsicht verbreitet, dass niemand in der Lage ist, ein Medium zu beherrschen. Wer sich in die Öffentlichkeit traut, muss davon ausgehen, dass er sich dort eine blutige Nase holen kann. Dieselben Medien, die eine Person heute glorifizieren, stellen sie morgen an den Pranger. Sie verteilen und entziehen Reputation, fördern und zerstören Karrieren. Und während der betroffene Mensch dann jubiliert oder leidet, bleibt das Medium selbst immer auf der Siegerseite der souveränen Zuteilung oder Entziehung von Aufmerksamkeit. Die Differenz von Unterhaltung und seriöser Berichterstattung ist in dieser Frage ebenso illusionär wie die unbescheidene Selbsttitulierung einzelner Organe als Qualitätsmedien. Die Gesetze von Marktorientierung und zynisch-ideologisierter Machtausübung gelten für Rundfunk und Fernsehen ebenso wie für die Printmedien – von RTL bis ARD, von der *BILD* bis zur *ZEIT*.

Was haben diese Überlegungen mit Ulrike Guérot zu tun? Das Phänomen Guérot ist ohne einen Blick auf die Unkultur der Medien nicht zu verstehen. Der Mensch Ulrike Guérot dagegen geht in der medial konstruierten, einst glorifizierten, dann dämonisierten Figur nicht auf, muss aber gleichwohl erleiden, dass an ihr ein diskursiver Stellvertreterkrieg ausgetragen wird, der sich inzwischen immer weniger unter der Rubrik »Debattenkultur« verzeichnen lässt, sondern vielmehr den Topos der »Hexenverfolgung« bedient. Aufgrund von differenzierten Äußerungen zur Corona-Politik und der gering ausgeprägten Kriegsbefürwortung im Ukrainekonflikt wurde aus dem gern gesehenen Talkshow-Gast in Europafragen eine Projektionsfläche für fundamentale, unbewältigte gesellschaftliche Konflikte, deren Lösung sich nicht im offenen und kultivierten politischen Diskurs, sondern als symbolische mediale Hinrichtung der Kristallisationsfigur Ulrike Guérot vollzieht, deren Aussonderung und Delegitimation als Sprecherin exemplarisch vollzogen wurde – nicht zuletzt als abschreckendes Beispiel für all jene, die sich (noch) im Lichtkreis der Medien aufhalten: »Seht her, so wird es euch auch ergehen, wenn ihr ausschert aus der Koalition der Willfährigen.« Der Satz »Bestrafe einen, erziehe hundert« – unabhängig von seiner tatsächlichen oder vermeintlichen Herkunft aus dem Munde Mao Zedongs – entfaltet hier eine beklemmende Plausibilität.

Doch das Phänomen Guérot erschöpft sich nicht im Nachvollzug der Demontage ihrer Person in den etablierten Medien, denn auch die digitalen Foren im Umfeld der Demokratiebewegung arbeiten sich an Ulrike Guérot ab. Erntet sie noch Anerkennung und Applaus für die klaren Worte zu den Corona-Maßnahmen und die ausgewogenen Einschätzungen zum Ukraine-Krieg, überfordert sie viele mit ihrem Bekenntnis zur Europäischen Republik. Schnell wird der Verdacht in den Raum gestellt, sie sei lediglich ein Werkzeug der Macht, die sich ihrer als kontrollierte Opposition bediene. Als vermeintliche Belege für diese Unterstellung, die ebenso Aussonderung und Delegitimation nach sich zieht, werden ihre Teilnahme am World Economic Forum und die Kontakte zum Milliardär und Philanthropen George Soros angeführt. Und tatsächlich handelt es sich bei beiden Adressen um demokratisch nicht legitimierte Player auf der weltpolitischen Bühne, die mit Einfluss, Macht und Geld eine globale Agenda propagieren und durch informelle Machttechniken durchzusetzen versuchen. Zu nennen wären hier der »Great Reset«, in dessen Namen Klaus Schwab nach eigener Aussage »Parlamente penetriert«, also mit erfüllungswilligen Akteuren bestückt, und die Open Society Foundation, durch die Soros weltweit Einfluss auf die soziokulturellen Praktiken und Einstellungen im Sinne eines postnationalen und woken Liberalismus nimmt.

Es gibt gute Gründe, die Ziele dieser mächtigen Akteure kritisch zu diskutieren und noch mehr Gründe, deren Machtposition, die Durchsetzungspraktiken und Einflussnahmen als postdemokratisch zu brandmarken. Dabei spielt es auch überhaupt keine Rolle, ob nun die Weltbeglückungsagenda gut gemeint ist oder sogar tatsächlich hilfreich sein könnte. Postdemokratische Akteure unterlaufen die bürgerliche Souveränität und überspielen Befugnisse und Zuständigkeiten, die in den Verfassungen der Nationalstaaten als Basis eines demokratisch-rechtsstaatlichen Gemeinwesens grundgelegt sind. Sollte dies nicht auch einer klugen Frau, wie Ulrike Guérot es ohne jeden Zweifel ist, klar gewesen sein? Kann man ihr das bürgerrechtliche Engagement und den Einsatz für den republikanischen Gedanken in Anbetracht dieser Nähe zu den globalistischen Machtzentren überhaupt abnehmen?

Rückfrage: Was erzählt der Furor, der sich an der Person Ulrike Guérots entzündet, über unsere gesellschaftliche Situation? Ist es nicht erschreckend, wie schlecht wir mit Widersprüchlichkeiten und Widerspruch umgehen können? Warum gelingt es uns nicht, die Andersdenkende(n) sozial zu integrieren, anstatt sie durch Abspaltung zu neutralisieren oder zu dämonisieren? Woher kommt die Tendenz, nur noch unbefleckten Sprechern unser Gehör zu schenken und die Argumente von »Unreinen« ungeprüft zu verwerfen? Was ist aus der demokratischen Debattenkultur geworden, aus dem Kontroversitätsgebot der politischen Bildung, aus der Ausgewogenheit der vierten Gewalt? Oder waren diese Ansprüche immer schon bloß eine zweckdienliche Fiktion, durch die der »freie Westen« in der Systemkonkurrenz des Kalten Krieges punkten konnte? Eine Fiktion, die nach dem vorgeblichen Ende der Geschichte überflüssig geworden ist? Böse gefragt: Wie tief sind Demokratie und Rechtsstaatlichkeit denn tatsächlich im Gemeinwesen verankert gewesen, wenn sie schon beim ersten wirklichen Stresstest nach 1945 derart ins Schlingern geraten?

Der Blick auf das Phänomen Guérot gerät unvermittelt zum Blick in den Spiegel. Er zeigt eine verrohte und verkommene politische Kultur, deren Vertreter sich genüsslich und scheinheilig am Menschenopfer berauschen, im Irrglauben, dadurch eine Diskursformation abzusichern, deren Obsoleszenz auch nicht mehr durch atavistische magische Praktiken zu verschleiern ist.

Der Kaiser ist nackt, und schuld daran ist nicht das rothaarige Mädchen aus Grevenbroich, das *nolens volens* zu einer Landvermesserin der politischen Verhältnisse einer globalisierten Moderne geworden ist. Ihre Herkunft aus nicht akademischen Verhältnissen hat sie niemals verleugnet. Sie hat das beste Abitur ihres Jahrgangs, doch die Eltern können sich nicht vorstellen, dass sie ein Hochschulstudium absolviert. Der Schulleiter setzt sich für sie ein und schlägt sie für ein Stipendium der Studienstiftung des Deutschen Volkes vor. Beim Auswahlverfahren steht sie schüchtern vor der Gattin des Bundespräsidenten, Marianne von Weizsäcker, bringt kaum ein Wort heraus und erhält kein Stipendium.

Nichts spricht in diesem Augenblick dafür, dafür dass sie einmal promovieren wird, dass sie als wissenschaftliche Mitarbeiterin von Jacques Delors arbeiten wird, um anschließend verantwortliche Positionen in einflussreichen Thinktanks zu bekleiden und programmatisch, strategisch und kommunikativ die Einigung Europas voranzutreiben. Nichts spricht dafür, außer ihrer Intelligenz und ebenjener Geradlinigkeit, die ihr heute zum Verhängnis zu werden droht.

Unabhängig davon, wie man die Positionen und Institutionen beurteilt, die sie bezogen und bespielt hat, nötigt einem die Karriere von Ulrike Guérot Respekt ab. Europa ist dabei nicht nur ihr Thema, sondern auch der Entfaltungsraum, in dem sie Resonanz und zu sich selbst findet. Die Enge der rheinischen Provinz weicht einem Leben zwischen den Metropolen der Welt, ihre Schüchternheit überwindet sie und wird streitbar im Umgang mit den großen Tieren in Politik und Medien: aus Ulrike Hammelstein wird Ulrike Guérot.

Doch es gehört auch zur Wahrheit, dass sie auf diesem Weg nützlich war und als intellektuelles und demokratisches Feigenblatt benutzt wurde, hinter dem sich die faktisch bescheidene Bilanz der europäischen Einigung in Gestalt einer monströsen EU und die geopolitischen Verwerfungen im transatlantischen Rahmen verbergen ließen. Als Gesicht der Europäischen Republik verlieh sie dem »Europäischen Gedanken« die Aura von Intelligenz, Freiheit und Schönheit, während die Realität zunehmend aus Bürokratie, Lobbyismus und alternden Gründungsvätern bestand. Dieser Widerspruch aber war ihr nicht nur bewusst, sondern er war auch der Antrieb ihres Engagements. Was ihr erst in der Rückschau klar wird, ist, dass sie auch verführt wurde, dass es verlockend war, in die Welt der großen Namen aufzusteigen, Champagner zu trinken und um die Welt zu jetten, um maßgebliche Beiträge zu politischen Diskussionen beizusteuern oder wichtige Prozesse zu beeinflussen.

Die bittere und zugleich heilsame Einsicht, dass ihre öffentliche Rolle neben ihren Fähigkeiten auch auf ihrer Nützlichkeit beruhte, stellt sich ein, als sie infolge ihrer Geradlinigkeit Rückfragen zu Corona und zur Ukraine stellt und sich fast alle »Freunde« aus alten Tagen von ihr abwenden. Aber es zeigt sich ein Zweites: Ulrike Guérot war verführbar, aber nicht korrupt. Als glühende Verfechterin Europas hat sie sich in Allianzen begeben, denen es nicht in derselben Weise um dieses Anliegen ging. Deshalb hat sie sich auch mit diesen Akteuren angelegt. Als beispielsweise die Bankenkrise in Europa als Schuldenkrise virulent wurde, hat sie ihre Stimme zugunsten der Griechen erhoben und damit für erhebliche Irritationen im öffentlichen Diskurs gesorgt.

Heute steht sie an der Schwelle zu einem neuen Lebensabschnitt. Sie hat einen hohen finanziellen und existenziellen Preis dafür gezahlt, dass sie der Stimme ihres Gewissens gefolgt ist. Wer über sie urteilt, sollte dies in Betracht ziehen und sich fragen, ob das eigene Rückgrat gleichermaßen für den aufrechten Gang trainiert ist.

Dieses Buch ist eine Momentaufnahme aus der Zeit des Umbruchs. Es handelt sich um die Nachschrift eines öffentlichen Gesprächs, aufgezeichnet am Montag, dem 20. Juni 2022, in Kiel. Die Beteiligten haben sich entschieden, den lebendigen und damit auch angreifbaren Charakter des Austausches beizubehalten. Deshalb wurde die Diktion auch nur behutsam dem schriftlichen Ausdruck angeglichen, damit das Ereignishafte des Gesprächs nicht verloren geht. Manches, was gesagt wird, ist dem Augenblick geschuldet, manches wird über die Aktualität hinaus Bedeutung behalten. Insofern ist dieses Dokument zwar nicht historisch, aber doch geschichtlich, da sich zwei kritische Intellektuelle, die sich menschlich verstehen und gleichwohl in vielen Fragen unterschiedliche Auffassungen vertreten, auf das Wagnis einer Zeitdiagnostik einlassen. Die politischen Analysen geschehen zwar entlang von theoretischen Kategorien, aber immer unter dem Vorbehalt der persönlichen Betroffenheit durch die beschriebenen Ereignisse. Man kann also die fehlende Distanz beklagen oder sich an der involvierten Innensicht erfreuen. Zur Verteidigung des Textes wäre anzuführen, dass niemand diese wünschenswerte Distanz einzunehmen in der Lage ist, weil es sich bei dem zur Debatte stehenden Phänomen um ein globales und totales Ereignis handelt: Die Corona-Maßnahmen betreffen die gesamte Erdbevölkerung, und sie durchdringen alle Lebensbereiche. Das heißt, niemand kann von einer Außenposition aus darüber sprechen. Die Beteiligten legen großen Wert auf diesen skeptischen Vorbehalt, aber gestehen sich auch das Recht zu, Irrtümer zu begehen. Insbesondere in Anbetracht der Tatsache, dass selbst die theoretischen Kategorien, auf die man zurückzugreifen angewiesen ist, nicht unberührt vom Mahlstrom der tiefengeschichtlichen Umwälzung bleiben, bekommt dieses

Gespräch etwas Exemplarisches, wird es zum Seismogramm, das die Ausschläge einer erschütterten Kultur verzeichnet.

Im Dezember 2022
Matthias Burchardt

Das Gespräch

MATTHIAS BURCHARDT: Schön, dass ihr alle da seid. Ulrike, ich weiß, was du auf dich genommen hast, um hierherzukommen, und ich denke, dieser warme Empfang war schon mehr als Bestätigung, dass das die richtige Entscheidung war.

Du bist gerade die mutigste Frau Deutschlands – oder Europas, muss man sagen –, du setzt viel aufs Spiel. Ich habe das Gefühl, du folgst dem Kompass deines Gewissens und bist dabei orientiert durch deinen klaren Verstand – aber was du erntest, ist Kritik von allen Seiten. Dass Herr Lanz und Leute aus diesen Kreisen gegen dich schießen, war zu erwarten, aber dass auch aus unseren Kreisen Jauche über dich gekippt wird, das erschüttert mich ehrlich gesagt. Ich finde das beschämend, denn mir scheint es so etwas wie ein Reinheitsgebot für alle Menschen zu geben, die sich noch äußern dürfen. Im Grunde darf Jesus noch ein bisschen was zur politischen Lage sagen, aber Mutter Teresa hat wohl im Kindergarten mal einen anderen angespuckt, also darf Mutter Teresa nichts sagen. Wie auch immer.

Was gerade um deine Person herum inszeniert wird, kann man als Gradmesser der politischen Kultur sehen – und in verschiedene Richtungen auslegen. Wir erfahren an deinem Beispiel etwas über die Medien, wir erfahren etwas über die Parteipolitik, wir erfahren auch etwas über die Wissenschaft, wir erfahren etwas über die Geschlechterrollen, und wir möchten heute entlang dieser Themen danach fragen, in welchen Treibsand unser Rechtsstaat und unsere Kultur, unsere Demokratie geraten sind.

Ich halte das für ein zivilisatorisch-kulturelles Skandalon, ein unglaubliches Ärgernis und eine Katastrophe, wie mit dir umgegangen wird, und wenn man sich nicht solidarisiert – egal, welche Einstellungen wir zu Europa, zu Corona, zur Ukraine haben –, ist das ein Ding der Unmöglichkeit.

Ulrike Guérot: Von meiner Seite erst mal vielen Dank für diesen wirklich warmen Empfang. Man denkt nicht, dass man in Kiel ist und auch noch an einem Montag über Mittag. Das ist eher ein Jazzkeller an einem Freitagabend, irgendwo, wo es cool ist. Danke dafür. Ich hatte gestern tatsächlich – und damit sind wir fast schon beim Thema – eine fünfstündige Odyssee mit der Deutschen Bahn. Das ist schon einmal eins der Themen zur Zeitkritik: 100 Milliarden für die Bundeswehr im Handumdrehen, aber die Deutsche Bahn hat keine Weichen. Es sind gestern in Dresden drei Züge nach Berlin ausgefallen. Drei Züge an einem Nachmittag.

Ich würde zu Beginn aber gerne etwas sagen dürfen. Ich glaube nicht, dass ich die mutigste Frau bin. Es gibt ganz viele mutige Menschen, überall, viele Altenpfleger, Mitarbeiter in den Krankenhäusern, Ungeimpfte, die an ihren Arbeitsplätzen oder ihrem familiären Umfeld stille Kämpfe ausfechten, die »unsichtbaren Helden« des Corona-Alltags – die, die man *nicht* sieht. Mich sieht man jetzt, und wir werden gleich darüber reden, warum man mich sieht, warum das vielleicht ein Phänomen ist und warum ich zu diesem Phänomen geworden bin. Aber ich mache das nicht allein, das möchte ich betonen!

Und wenn es durch die Dinge, die ich gemacht oder gesagt habe und die viele gut finden, eine Sympathiewelle gegeben hat, dann ist genauso richtig, dass nur diese Sympathiewelle mir erlaubt hat, bis dahin zu gehen. Ich bin hier nicht allein, und ich »mache es« auch nicht, sondern vielleicht wird es eher mit mir gemacht? Aber weil es die Sympathiewelle gibt, weil Sie alle da waren, ist es für mich noch beherrschbar.

Jetzt zu der Frage: Was passiert gerade mit mir, warum bin ich ein Phänomen geworden beziehungsweise stehe für etwas? Es ist mir tatsächlich wichtig, dass wir das trennen. Ich bin Ulrike Guérot. Man kann mich kennen oder nicht, nett oder klug finden oder auch nicht, meinen Lebenslauf toll finden oder beanstanden, das ist egal. Meine Person, mein Subjekt sozusagen, muss von dem Phänomen völlig getrennt werden. Das ist übrigens auch die einzige Möglichkeit für mich, das alles auszuhalten, indem ich das Phänomen von meiner Person entkoppele und damit objektivieren kann: Ich *bin nicht* das Phänomen. Frei nach Max Frisch – *Ich bin nicht euer Stiller* also *Ich bin nicht eure Guérot*. Was wir hier auf den Tisch stellen und jetzt analysieren, ist also ein gesellschaftliches Phänomen. Warum es ausgerechnet meinen Namen trägt, was ich dazukann, darüber müssen wir reden. Denn als Phänomen bin ich offenbar ein Kristallisationspunkt für viele Sachen, die in dieser Gesellschaft ganz offensichtlich schieflaufen – anthropologisch, sozial, mit Blick auf die Demokratie oder den Meinungspluralismus, unsere Diskursfähigkeit, den Wissenschaftsbetrieb, unsere gesellschaftlichen Umgangsformen und so weiter. Und dazu würde ich gern drei kurze Punkte sagen.

Wir müssen unterscheiden zwischen dem, was bei *Lanz* passiert ist, der von der *FAZ* herbeigeschriebenen »Plagiatsaffäre« und meiner Position als Professorin, die seit mindestens zwei Corona-Jahren gleichsam eine Grätschenposition ist: Tagsüber bin ich Professorin für Europapolitik an der Universität Bonn und nachts war oder bin ich sozusagen im »Corona-Untergrund« oder wie auch immer man das nennen möchte, jedenfalls auf maßnahmenkritischen Foren unterwegs.

Ein Freund von der *Süddeutschen* hat mir in diesem Zusammenhang im Februar 2021, als ich ihm bezüglich ein paar fragwürdiger Corona-Zahlen eine längere E-Mail schrieb – die *Süddeutsche* war ja besonders eifrig in der »Corona-Krisenberichterstattung« –, einmal zurückgeschrieben: »Ulrike, du musst bald mal wieder raus aus dem Kaninchenbau.« Das ist schon eine denkwürdige Formulierung! Wie tief sind wir gefallen im Diskurs! Die Hetze gegen Andersdenkende darf nicht vergessen werden. Gegen mich gab es im August 2021 schon eine Rufmordkampagne mit wahrlich unterirdischen Tweets, zum Beispiel: »Wir wünschen das Ableben von Frau Guérot« oder die »Bücherverbrennung von Frau Guérot«. Das wurde übrigens auf Twitter nicht gemeldet oder gelöscht, während von mir die harmlosesten Tweets gelöscht wurden, wenn sie das offizielle Corona-Narrativ infrage stellten.[1]

---

1 Heute weiß man durch die Veröffentlichung der Twitter-Files, dass unliebsame Positionen zu den Corona-Maßnahmen auf Twitter gelöscht und »offizielle« Positionen mit Bots beworben wurden.

Aber fangen wir mit dem Plagiat und der Verhältnismäßigkeit der Vorwürfe an, die immer noch – *in dubio pro reo* – lediglich Vorwürfe sind und bisher von keiner unabhängigen Kommission geprüft und erhärtet wurden. Inzwischen hat der Westend Verlag auf seiner Webseite eine kleine Stellungnahme meines Anwalts dazu veröffentlicht, auf die ich hier verweise. Es versteht sich von selbst, dass ich meine Fehler aufrichtig bedauere, und ich habe das bereits am 14. Juni 2022 öffentlich in einem Interview mit der *ZEIT* getan. In dem Westend-Buch *Wer schweigt, stimmt zu* geht es um genau zwei Stellen, wo ich die Autoren und die Bücher genannt, aber eben unsauber zitiert habe. Bei zwei Sätzen wurden die Anführungszeichen vergessen. Bei der Korrektur des PDFs wurden also genau vier Anführungszeichen ergänzt.

Matthias Burchardt: Ich möchte kurz etwas dazu sagen. Ich korrigiere als Wissenschaftler solche Arbeiten, das heißt, es ist mein täglich Brot, so etwas zu prüfen, und es gibt eine Grauzone, in der sich das hier bewegt. Du hast den Autor genannt. Es ist also völlig klar, dass der nachfolgende Gedanke eine Anleihe enthält, und das wurde kenntlich gemacht. Es handelt sich also nicht um Diebstahl geistigen Eigentums in dem Sinne, es handelt sich auch nicht um eine unterschlagene Referenz. So etwas war in vielen Artikeln und Arbeiten, die ich gesehen habe, geläufig und wurde dort auch nicht sanktioniert.

Insofern ist es letztlich ein konstruierter Vorwurf, der eine gängige Praxis im journalistischen und wissenschaftlichen Raum plötzlich in den Rang eines Verbrechens erhebt. Vielleicht hätte man es handwerklich besser machen müssen; du hast selber gesagt, du schreibst die Sachen schnell. Aber daraus einen Plagiatsvorwurf in rufschädigender Weise zu konstruieren, der zum Beispiel auch das Verhältnis zwischen Ulrike Guérot und ihrer Universität untergräbt, ist umgekehrt nicht bestimmt von dem Gedanken der Integrität und der Redlichkeit eines akribischen Journalisten, sondern hat etwas von Reputationszerstörung und Kampf gegen eine Person, die eine unliebsame Meinung vertreten hat. Das noch einmal aus der wissenschaftlichen Sicht dazu.

ULRIKE GUÉROT: Genau. Im ersten *FAZ*-Artikel, das ist wichtig zu betonen, ging es neben Plagiat um alle möglichen Vorwürfe – rechtsradikal, Geschwurbel, Querdenken, was auch immer –, die mit dem Plagiatsvorwurf vermengt wurden. Der erste *FAZ*-Artikel war so übergriffig, dass sich zum Beispiel ein Professor aus Heidelberg bei mir gemeldet hat und mir sagte, er werde sich an den deutschen Medienrat wenden und dafür sorgen, dass dieser Artikel dort zur Vorlage kommen wird.

Der zweite Artikel in der *FAZ* vom 8. Juni 2022, also nur vier Tage später als der erste, war wieder ein Plagiatsvorwurf, der sich ungefähr in der gleichen Dimension abspielt. Es geht hier um mehrere inkriminierte Stellen in dem Buch *Warum Europa eine Republik werden muss* von 2016. Auch hier bedauere ich selbstverständlich und zutiefst das unsaubere Arbeiten. Ohne in die epische Breite zu gehen, ist mir indes Folgendes wichtig. Bei den Zitierfehlern geht es vor allem um Albrecht von Lucke, den Herausgeber der *Blätter für deutsche und internationale Politik,* und um Matthias Greffrath, einen freien Journalisten, der viel für das Format des Deutschlandfunks »Essay & Diskurs« arbeitet. Beide sind meine Freunde. Ich habe die Zitierfehler schon 2016 selbst bemerkt, als ich das gedruckte Buch zum ersten Mal in den Händen hielt. Albrecht von Lucke und ich haben im April 2016 zusammen telefoniert, ich habe auf die unsaubere Zitierweise hingewiesen und mich entschuldigt, und Albrecht hat die Entschuldigung angenommen. Auf dem Literaturfestival in Berlin im Juni 2016, als ich das Buch dort vorgestellt habe, war Matthias Greffrath im Saal. Ich habe ihn gesehen und dann sogar öffentlich um Entschuldigung gebeten, und Matthias hat die Entschuldigung ebenfalls öffentlich akzeptiert.

Das heißt, die beiden Personen, die die wesentlichen Rechtsverletzungen hätten beanstanden können, weil ihr Persönlichkeitsrecht nicht gewahrt wurde, wussten beide von den Zitierfehlern und haben 2016 nichts öffentlich moniert.[2] Insofern ist es schon merkwürdig, dass der Autor der beiden *FAZ*-Texte über die Plagiatsvorwürfe – ein Kollege von der Universität Trier, der nicht einmal mit mir telefoniert hat, um meine Stellungnahme einzuholen, bevor er öffentlich so massive Vorwürfe gegen mich erhebt – diese Zitierfehler ganze sechs Jahre später (!) in der *FAZ* thematisiert bezie-

---

2 Das Manuskript, das mit Blick auf die Buchmesse in Leipzig 2016 unter Druck einige Tage früher als geplant abgegeben werden musste, sollte zunächst nur als »Dummy« gedruckt werden. Dieser »Dummy« wurde aber später nicht mehr lektoriert oder korrigiert. Alle Fehler sind mithin in die Taschenbuchausgabe bei Piper sowie in alle Übersetzungen übertragen worden (Anm. d. Red.).

hungsweise skandalisieren möchte. Und das – und genau hier könnte ja der Zusammenhang oder die Motivation für die *FAZ*-Artikel vermutet werden – ausgerechnet zwei Tage nach jener Sendung bei *Markus Lanz* vom 2. Juni, in der mir mit meinen Positionen zum Ukraine-Krieg und für Verhandlungen letztlich der Mund verboten wurde.

Es gibt einen Artikel von Markus Klöckner mit dem Titel »Die Treibjagd« auf den *NachDenkSeiten,*[3] der nachzeichnet, dass wiederum das »Zentrum Liberale Moderne«, eine Denkfabrik, die sich stark für Waffenlieferungen in die Ukraine ausspricht, wohl in Verbindung mit den Plagiatsvorwürfen steht, insofern als der Autor der *FAZ*-Artikel, Markus Linden, auch für das LibMod Texte verfasst. Vieles spricht also dafür, dass die Plagiatsartikel gleichsam »Auftragsarbeiten« waren, um eine Person mit einer unliebsamen Meinung – also mich – aus dem Diskurs zu entfernen. Und dass dieses gezielte Entfernen de facto als abgesprochene Aktion zwischen wenigen Personen bei der *FAZ* und LibMod über die Bande gespielt werden konnte.

Insofern sind wir jetzt mitten beim Thema, denn die Hypothese wäre, dass genau dieser Zusammenhang das Phänomen Guérot begründet; anders formuliert, dass der juristisch wahrscheinlich belanglose Plagiatsvorwurf gezielt benutzt wurde, um mich öffentlich zu diffamieren und damit letztlich mundtot zu machen, weil ich mich – und zwar als öffentlich

---

3 Markus Klöckner, »Die Treibjagd«, in: *NachDenkSeiten,* 9. Juni 2022, https://www.nachdenkseiten.de/?p=84676 (abgerufen am 9. Januar 2023).

bekannte Person! – sowohl zu den Corona-Maßnahmen wie auch beim Ukraine-Krieg gegen die vorherrschende Meinung gestellt habe. Viele Menschen waren gegen die Corona-Maßnahmen und sind gegen den Ukraine-Krieg, aber – und das ist das Zentrale! – nur wenige bekannte Personen haben öffentlich gesprochen oder eine Gegenrede versucht, gerade weil es so schwer war und es so viele Widerstände gab.

Darum schauen wir uns das Phänomen Guérot jetzt einmal genauer an. Das Phänomen ist einerseits, dass ich in der Corona-Debatte, wie man vielleicht formulieren kann, aus einem leitmedialen Raum ausgeschert bin, obgleich ich selbst zu ihm gehöre beziehungsweise gehörte. Ausgeschert! Damit sind wir bei der soziologischen Dimension, denn ich war ja Teil der öffentlichen Diskurskoalition, also derjenigen, die gemeinhin Politik und Ereignisse erklären; in meinem Fall zuvor die Europapolitik.

Es gab viele Bürger, die der Meinung waren, die Corona-Maßnahmen sind übergriffig, da machen wir nicht mit und so weiter. Aber wir konnten beobachten – das schreibe ich in meinem Buch –, dass ein bestimmter, nennen wir ihn einmal »leitmedialer Raum« beziehungsweise die »Funktionseliten« die staatlichen Corona-Maßnahmen fast alle integral befürwortet haben. Und zu diesem Raum gehöre ich eigentlich auch: ich bin ja Professorin. Ich war schon vor Corona einer breiteren Öffentlichkeit bekannt, jedenfalls in einem bestimmten europapolitischen Milieu, in dem ich durchaus anerkannt war. Ich war tatsächlich sogar in Davos beim World Economic Forum (WEF) oder auf der Sicherheitskonferenz in München. Ich habe also, wenn man das so nennen will, »Karriere gemacht« oder Erfolg gehabt. Ich war eine gefragte Rednerin, habe viele Papiere geschrieben. Ich war also Teil einer leitmedialen Community oder Diskurskoalition und kenne mithin viele der Personen und Akteure, die sich sowohl bei der Corona- als auch bei der Ukraine-Diskussion plötzlich in einer Art »freiwilligen Gleichschaltung« befanden und einer massiv gleichförmigen Meinung oder Haltung anhingen. Und auf einmal war ich – als eine der Ihren(!) – nicht mehr dabei, also ausgeschert aus der Gruppe, der ich doch eigentlich angehörte.

Insofern ging es gar nicht darum, dass man etwas gegen die Corona-Maßnahmen sagte, denn das haben viele getan beziehungsweise viele haben protestiert. Sondern es ging eher darum, *wer* etwas zu Corona sagte: Dass jemand aus der eigenen Zunft gegen die Maßnahmen gesprochen hat, *das* führte schließlich zum Phänomen Guérot.

Mit Blick auf die, nennen wir sie einmal »meritokratische Funktionselite« des Landes in Wissenschaft, Medien, Politik etc., die fast alle Corona-Maßnahmen unwidersprochen mitgemacht haben, war ich zudem eine der wenigen, die nicht nur spezifisch als Virologin oder Expertin Einwände gegen das offizielle Corona-Narrativ erhoben hat – wie etwa frühzeitig schon Wolfgang Wodarg oder Sucharit Bhakdi, die man aber schon zu Beginn aus dem Diskurs genommen hat, oder Stefan Hockertz, der aber keine öffentliche Bekanntheit hatte –, sondern ich habe gleichsam generell oder allgemein aus demokratietheoretischen Gründen gegen die Maßnahmen gesprochen und damit das Thema für jeden geöffnet. Meine im Grunde unspezifischen Einlassungen konnten so zur Projektionsfläche für all jene werden, die unzufrieden mit der Corona-Politik waren. Das sichtbare Ausscheren aus meinem angestammten Diskursmilieu – ich kenne ja viele Journalisten oder Mitarbeiter von Stiftungen oder den sogenannten Thinktanks – sowie das *allgemeine* Sprechen mit einer gewissen Autorität, das sind meines Erachtens die beiden objektivierbaren Elemente des Phänomens. Ich war also »eine von denen« und bin ausgeschert. Und das war nicht erlaubt.

Viele haben bemerkt, dass man in der Corona-Debatte genauso wie jetzt in der Ukraine-Debatte nicht ausscheren durfte. Beide Themen waren wie hermetisch abgeriegelt, und Widerspruch oder Argumente gegen die vorherrschende Meinung waren oder sind fast unmöglich. In einer monolithischen Meinungslandschaft war oder ist fast kein Diskurs mehr möglich, und das ist gefährlich für die Demokratie.

MATTHIAS BURCHARDT: Wenn ich den Medienbereich noch einmal ein wenig aus philosophischer Sicht oder auch machttheoretisch betrachten darf… Ich habe letztens auf einer Veranstaltung, bei der du auch gesprochen hast, eine interessante Analyse von Michael Meyen gehört. Er sagte, dass es den Medienmachern auch um Zugehörigkeit zu einer Elite geht, die eine bestimmte Meinungsdoktrin und einen Korridor kultiviert und zum Ausdruck bringt. Meiner Auffassung nach wäre der eigentliche Auftrag der Medien: die Pluralität der Positionen abzubilden, die Vielfalt der Themen, und zwar in einer Weise, die den Herrschenden nicht nur angenehm ist, sondern die als Ort der Demokratie dazu beiträgt, dass die

Vielzahl der Positionen sichtbar wird und dem Konsumenten nicht ein bestimmtes *Urteil nahegelegt,* sondern durch eine Vielzahl von Informationen *Urteilsfähigkeit angefacht wird,* die ich in meine eigene Position übersetzen darf. Das wäre für mich die Rolle eines Mediums im Rahmen eines rechtsstaatlichen, demokratischen Gemeinwesens.

Michael Meyen sagt immer ganz nett: »Das ist eine schöne Fiktion, die du da hast, aber Medien haben von jeher auch die Aufgabe, Herrschaftssysteme mit Legitimation abzusichern.« Und in letzter Zeit merken wir, dass das immer dramatischer wird. Insofern sind natürlich diese öffentlich-rechtlichen Medien vom Ansatz her eine gute Idee, weil sie nicht Regierungsmedien sind, sondern eigentlich *uns* gehören. Deshalb ist es ein guter Ansatz, wie sich das *Leuchtturm ARD* vorstellt, dass wir uns als Bürger den Rundfunk und das Fernsehen wieder aneignen. Es gehört ohnehin uns, aber es ist gekapert worden von den Parteien.

Was wir momentan sehen, ist, dass bestimmte Positionen medial gar nicht vorkommen durften. Aus Hintergrundgesprächen, und auch von Michael Meyen, wissen wir – als es darum ging, ob es eine Diskussion geben soll zwischen Drosten und Bhakdi *oder* Wodarg –, dass es eine sehr paternalistische Auffassung darüber gibt, was Medienleistung ist: nämlich der Bevölkerung Irritationen zu ersparen in Hinblick auf abweichende Meinungen und sie dem Guten zuzuführen, das man aus eigener Sicht schon längst erkannt hat. Und das fällt dann interessanterweise sehr oft mit dem zusammen, was auch die Regierung für das Gute hält. Ob das tatsächlich gut für das Gemeinwohl oder bloß für wenige Einzelne ist, das wird nicht mehr zur Diskussion gestellt.

In diesem Zusammenhang ist eine Figur wie Ulrike Guérot, die auf den Kompass der eigenen Intellektualität und der Integrität des Gewissens vertraut, natürlich eine Irritation. Sie gleicht insofern dem Sokrates in der griechischen Polis, jemand, der die Spiele der Mächtigen nicht mitspielt. Ulrike Guérot ist so etwas wie ein moderner Sokrates. Ja, allen Ernstes. Die Bewohner Athens haben gewetteifert im Große-Reden-Schwingen, Toll-im-Sport-Sein, Vor-Gericht-erfolgreich-Sein, im Körper-Kultivieren, und was macht der Sokrates? Er fängt plötzlich an mit der Frage nach der Wahrheit. Das ist bei ihm nicht gut ausgegangen, deshalb mache ich mir auch Sorgen um Ulrike. Aber der Vorteil ist, dass sie eine Sympathiewelle hinter sich hat. Sokrates hat man unter fadenscheinigen Vorwürfen den Prozess gemacht, er würde die Jugend verderben, falsche Informationen verbreiten und die Götter lästern. Man hat ihm schließlich den Schierlingsbecher gegeben im Sinne einer Aufhebung dieses Ärgernisses, das er darstellt. Was er von sich selbst gesagt hat, ist das, was Ulrike Guérot auch tut, und ich vielleicht auf etwas bescheidenerem Niveau. Sokrates hat, als er angeklagt wurde, sein Selbstverständnis sinngemäß formuliert: »Wir müssen so etwas sein wie eine Stechfliege, die das gedankenträge Ross der alten Polis immer wieder anstachelt, sich geistig zu bewegen.«

Wir kritischen Wissenschaftler und politischen Dissidenten sind sozusagen der Stachel im Fleisch der selbstgefälligen Machtverhältnisse und der gedankenträgen Kultur, die sich die Wurzeln der Aufklärung im Grunde immer dann hervorholt, wenn es um Festtagsvorträge geht, aber gar nicht Ernst macht mit den damit verknüpften Ansprüchen. Insofern bist du eine Provokation: nicht nur in machttheoretischer Hinsicht, weil du den Leitdiskurs unterbrichst, sondern du verkörperst auch einen anderen Entwurf des Menschseins. Wir alle, die wir in der Demokratiebewegung unser Gesicht zeigen, wir sagen: *Moment, es geht um mehr als das Nachplappern dessen, was die anderen oder die Medien sagen; wir wagen es, uns unseres Verstandes zu bedienen, ohne die Anleitung eines anderen.*

Doch so darf man eigentlich nicht sein, denn damit ist die Abhängigkeit der Medienöffentlichkeit von Marktkonstellationen bloßgestellt. Da man dich nicht aussortieren konnte, war es wichtig, eine mediale Konstellation zu schaffen, die gegen deine Person geht. Es wäre allerdings ein wenig naiv zu glauben, dass sich die Leute, die das sehen, kein eigenes Urteil bilden können und kein Gespür dafür haben, wer da welche Motive hat. Die ganze Geschichte hat *Lanz* möglicherweise mehr geschadet als dir, was mir wiederum eine große Schadenfreude bereitet.

ULRIKE GUÉROT: Bleiben wir einmal bei Sokrates. Der hat ja immer gefragt: »Ist das so? Ist das so? Ist das so?« Und während Corona haben viele gefragt: »Ist das jetzt so? Ist das jetzt so? Was ist denn da?«

Kommen wir zum eigenen Erleben. Der Auftritt bei *Markus Lanz* am 2. Juni war für mich ja eigentlich gut insofern, als dass es diese große Sympathiewelle gegeben hat. Was Sie nicht wissen, ist, dass am 14. Juni 2022 an der Universität Bonn das CERC, ein europapolitisches Institut, eröffnet wurde, bei dem ich für eine Leitungsfunktion vorgesehen war. Ich hatte den mir persönlich bekannten Feuilletonredakteur Patrick Bahners von der *FAZ*, obwohl sich dieser schon seit August 2021 an sogenannten »Shitstorms« auf Twitter gegen meine Einlassungen zu Corona beteiligt hatte, zu dieser Veranstaltung eingeladen, in dem leider wohl naiven Glauben, dass man zwischen Europa und Corona unterscheiden würde; oder auch in einem unverbrüchlichen Glauben an einen gewissen Anstand im Diskurs. Die *FAZ* wusste also von dieser für mich als neuer Professorin an der Uni Bonn äußerst wichtigen Veranstaltung. Und ausgerechnet in der Woche vorher, am Samstag, dem 4. Juni, und am Mittwoch, dem 8. Juni 2022, lanciert die *FAZ* zwei Artikel mit »Plagiatsvorwürfen«, vermengt mit persönlichen Diffamierungen der »untersten Gürtellinie«, um es einmal so zu formulieren. Und das soll Zufall sein?

Zu meinem Glück wurden die Vorwürfe nicht von anderen, überregionalen Zeitungen aufgegriffen, sondern sind bei der *FAZ* geblieben; vielleicht wegen der Sympathiewelle nach *Lanz*. Vielleicht aber auch, weil es eine gewisse »Beißhemmung« gab oder gibt, denn bei fast allen Zeitungen habe ich ja viele Freunde oder zumindest gute Bekannte aus der Zeit vor Corona, vor allem bei der *ZEIT* oder dem *SPIEGEL*. Das ist auch ein Aspekt des Phänomens Guérot, also die Frage: Wer wird weggebissen, und wo entscheidet man das? *Die FAZ schreibt zwar etwas Negatives, aber müssen wir da mitmachen?*

Ich kenne doch die Ulrike, die ist eigentlich eine von uns, was soll die denn gemacht haben?

Insofern war die Hetze der *FAZ* gegen mich als »Kampagne« zunächst isoliert. Sie hat bisher nicht verfangen, obgleich sie bei mir im Umfeld trotzdem viel Schaden angerichtet hat, denn man steht ja zunächst sehr unschön da. Ich habe deutlich gemerkt, wie man von mir abrückt und wie befangen solche Vorwürfe machen. Umso wichtiger ist der Blick auf die Akteure und ihre möglichen Motive – und gar die Frage, ob hier möglicherweise persönliche Motive im Spiel sind, die ja nie thematisiert werden.

Jedenfalls ist recht gut dokumentiert, dass die Antreiber der Hetze gegen mich – vor allem seit März 2022, also nach dem Erscheinen meines Essays zu Corona – im Wesentlichen drei Personen sind: Patrick Bahners von der *FAZ*, Armin Nassehi, Soziologe an der LMU München, und Markus Linden von der Universität Trier, die zu dritt indes über unglaublich viel mediale Mobilisierungsmacht verfügen. In Österreich, wo ich auch lange gelebt habe, sind es auch drei Männer mit viel Medienmacht gewesen, zum einen Armin Wolf vom ORF, Florian Klenk, der Chefredakteur des *FALTER*, einer linksliberalen österreichischen Wochenzeitung, sowie der in Österreich recht bekannte Linksintellektuelle Robert Misik, die in teils sehr übergriffigen Tweets, oft mit Hashtag Universität Bonn, u. a. meine Entlassung von der Universität Bonn gefordert haben. Diese drei kenne ich alle persönlich. Teilweise mutete es fast wie ein »männerbündisches Twitterkartell« an – und der Topos der »Hexenjagd« könnte einem da durchaus in den Sinn kommen, zumal ich ja rote Haare habe. Es wäre sicher einmal interessant, aus soziologischer, feministischer oder auch tiefenpsychologischer Sicht zu untersuchen, was da eigentlich los ist in einer Gesellschaft, in der eine Handvoll Männer öffentlich eine Frau jagen. Aber das müssten andere tun.

Vor allem zu Patrick Bahners könnte ich viel erzählen. Wir haben tatsächlich zusammen in Bonn Geschichte studiert in den 1980er-Jahren. Markus Linden kenne ich persönlich nicht. Der Dritte im Bunde ist Armin Nassehi, den ich auch persönlich kenne und mit dem ich noch 2018 einen gemeinsamen Forschungsantrag bei der VW-Stiftung erwogen hatte. Das macht es ja so schmerzhaft, wenn man die Leute persönlich kennt und dann aus fast freundschaftlichem Munde niederträchtige Vorwürfe kommen, *Out of the Blue*. Es war Armin Nassehi, der mir nach Erscheinen meines Buches auf Twitter eine »faschistoide beziehungsweise mafiöse Sprache« vorgeworfen hat, die er absurderweise an zwei oder drei Wörtern aus dem Essay festgemacht hat: zum Beispiel an dem unschuldigen Wort »aufräumen«. Auf meine vielfachen Versuche, mit den dreien ins Gespräch zu kommen – ich habe allen immer wieder E-Mails geschrieben und um Dialog gebeten –, wurde nicht reagiert. Einmal wurde mir geantwortet: »Ich nobilitiere dich doch nicht durch ein Gespräch mit mir.« Das fand ich befremdlich.

Matthias Burchardt *(spitzbübisch, ironisch):* Von »Aufräumen« zu sprechen, das ist für eine Frau tatsächlich sehr naheliegend.

Ulrike Guérot *(auch lachend):* Ja, das ist sehr naheliegend. Ich habe in dem Essay geschrieben, wir müssen nach Corona einmal ein bisschen aufräumen, damit hier nichts unter den Teppich gekehrt wird. Und damit meinte ich – das steht auch im Text – zum Beispiel die Einsetzung eines parlamentarischen Untersuchungsausschusses,[4] und dann wird mir das als »mafiöse Sprache« ausgelegt. Wenn für Männer »aufräumen« Mafia-Sprache ist, also bedeutet, »jemanden umzubringen«, ich aber unter »aufräumen« verstehe, dass wir bei Corona nichts unter den Teppich kehren lassen dürfen und einen parlamentarischen Untersuchungsausschuss brauchen, dann haben wir hier eine geschlechterspezifische Rollensprache, die so nicht funktioniert.

Gehen wir aber noch einmal einen Schritt weiter, also weg von den Medien, dann wird klar, dass es nicht nur um die Medien geht. Es geht mit Blick auf die Verzerrungen des Diskurses auch um das gesamte Subsystem »Wissenschaft«, es geht um das gesamte Subsystem »Gerichte«, also die Judikative und wie die funktioniert hat, auf welchen Ebenen staatliche Maßnahmen gleichsam durchgewunken wurden und auf welchen Ebenen einige Gerichte oder einzelne Richter noch

---

4 Seitdem die Corona-Aufarbeitung begonnen hat und immer erkennbarer wird, dass die Maßnahmen-Kritiker in vielem recht behalten haben, wird heute, knapp ein Jahr nach dem hier abgedruckten Gespräch, inzwischen aus bürgerlichen Kreisen, zum Beispiel von der ehemaligen Bundesfamilienministerin Kristina Schröder, vielfach ein parlamentarischer Untersuchungsausschuss gefordert. Auch in anderen Staaten, zum Beispiel in den USA, hat eine parlamentarische Untersuchung der Ereignisse längst begonnen (Anm. d. Red.).

versucht haben, sich gegen übergriffige oder völlig unplausible staatliche Maßnahmen zu wehren. Und überall konnte man bemerken, dass praktisch alle Funktionseliten gleichsam weggekippt sind und es kaum Widerstand gegen eigentlich ungeheuerliche Entscheidungen gab. Man muss also wirklich von gesamtgesellschaftlichem Versagen sprechen. Eine ganze Gesellschaft hat gleichsam ihre *Contenance* verloren.

Ich mache es einmal ganz konkret: Ich bin an der Bonner Politikwissenschaft, einer der renommiertesten Politikwissenschaften der Bundesrepublik. Und zwar wegen Karl Dietrich Bracher, der zusammen mit Manfred Funke – bei dem ich noch studiert habe, übrigens auch noch bei Bracher persönlich – in der alten Bundesrepublik, also in den 1970er- und 1980er-Jahren, große Nationalsozialismus-Aufbereitungsforschung gemacht hat. Deswegen war ich auch so froh, einen Ruf an die Uni Bonn zu bekommen, weil es ein so bekanntes politikwissenschaftliches Institut ist.

Als am 19. November 2021 das Bundesverfassungsgerichtsurteil mit seinem in meinen Augen äußerst problematischen Urteil kam, eine Art »Persilschein« – ein Urteil also, das nachträglich alle Corona-Maßnahmen mehr oder weniger undifferenziert absegnete und damit natürlich auch den Gerichten den Weg verbaute, das Maßnahmengeschehen auf anderen Ebenen der Gerichtsbarkeit einzuhegen –, hatten wir eine Institutssitzung, wegen des Lockdowns natürlich im Zoom. Wie jedes Mal wird vorher ein bisschen geplaudert, bevor der Dekan kommt und die Sitzung losgeht, und ich gehe mit einiger Empörung in den Zoom und sage: »Was machen wir denn mit diesem Urteil als Bonner Politikwissenschaft?

Wir müssen uns doch da positionieren. Was würden Karl Dietrich Bracher und Manfred Funke sagen?« Ich schaue in den Zoom, man sah ja eh nur »Kacheln«, und dann kommt der Dekan und sagt: »Ich begrüße Sie. Tagesordnungspunkt eins …« Und da habe ich gedacht: Okay, das ist das andere Versagen. Es ist nicht nur das Mediensystem, es ist auch das Wissenschaftssystem.

Dieses Schweigen, das hat mich am 19. November völlig fertiggemacht, weil ich genau wusste, dass jetzt alle wissen, wo ich in dieser Diskussion stehe.[5] Ich wusste aber auch, alle anderen sind nicht da, wo ich bin. Meines Erachtens hätte auch die Politikwissenschaft als solche Stellung zu dem Corona-Geschehen beziehen müssen.

Matthias Burchardt: Darf ich dazu einmal etwas aus wissenschaftstheoretischer und wissenschaftspolitischer Perspektive sagen? Es geht ja nicht darum, dass sich die einzelnen Personen in ihrer Meinung so oder so positionieren. Es geht darum, dass sie als Wissenschaftlerinnen und Wissenschaftler eine methodische Perspektive dazu hätten einnehmen und es explizit zu einem Thema machen müssen. Das ist doch die Aufgabe des wissenschaftlichen Diskurses: Sachklärung auf

---

5 Inzwischen ist genau diese Debatte in Gang gekommen. Zum Beispiel schrieb Michael Andrick in der *Berliner Zeitung:* »War dies möglich, so ist alles möglich«, https://www.berliner-zeitung.de/politik-gesellschaft/war-dies-moeglich-so-ist-alles-moeglich-li.286811 (abgerufen am 9. Januar 2023); und Kristina Schröder: »Der Staat, der mir bei Corona gegenübertrat, war mir fremd und unheimlich«, in: *WELT,* 8. Dezember 2022.

der Basis von Gründen. Dass man jedoch dieses wichtige Thema »Grundrechte und Corona-Maßnahmen« als völlig indiskutabel betrachtete, weil man letztendlich diese Kohortenzugehörigkeit und das Mittragen von Regierungspositionen zum Ausgangspunkt gemacht hat, zeigt ein strukturelles Versagen der Wissenschaft schlechthin.

Ich würde gerne noch ein bisschen herleiten, warum Wissenschaft so versagt. Zum einen merken wir, dass sie immer wieder herhalten muss als eine Art Legitimationsagentur für politisches Handeln. Wenn wir uns an der Straße festkleben, um die Welt zu retten, tun wir das, weil wir auf *die* Wissenschaft hören sollen. Was ist eigentlich die Wissenschaft im Singular? Das gibt es gar nicht. Wissenschaft ist Kontroverse, die aber mit einer gemeinsamen Ausrichtung auf Wahrheit und einer Orientierung an einer geteilten Wirklichkeit geführt werden muss. Was wir momentan haben, ist das genaue Gegenteil. Die Wirklichkeit wird suspendiert oder durch eine politisierte Wissenschaft produziert. Wissenschaft läuft dann aber Gefahr, zu einer Ideologiefabrik zu werden, die aus der Gesinnungsperspektive Legitimation von Politik betreibt. Macht ist dann wichtiger als Erkenntnis. Du bringst immer diesen schönen Vergleich zwischen Wissenschaft und Weisheit, auch das ist längst passé, denn die Durchdringung der Wissenschaft mit gesellschaftspolitischen Positionen ist durch das Drittmittelwesen strukturell verankert.

Früher war es so, dass man, wenn man an einer Hochschule arbeitete, mit einem bestimmten verlässlichen Budget ausgestattet war, und dann hatte man akademische Freiheit und war niemandem Rechenschaft schuldig. Die Universität selbst ist heute sehr eingebunden in ökonomische Verfahren und Kontexte. Außenwirkung spielt eine große Rolle, und der Wettbewerb der Positionen wird nicht mehr im wissenschaftlichen Streit um die Wahrheit ausgetragen, sondern erfolgreich ist jemand, der möglichst viel Geld an sich zieht. Das Geld stammt zum Teil aus der Wirtschaft, zum Teil von der vermeintlich unabhängigen Deutschen Forschungsgemeinschaft (DFG). Aber das Interessante ist doch, dass ich mich als Wissenschaftler immer nach der Möhre strecken muss, die außerhalb hängt. Das heißt, wenn ich ein Forschungsthema verfolge, was nur der Erkenntnis dient, wofür ich aber kein Geld kriege, bin ich in der Wissenschaft nicht so akzeptiert, als wenn ich ganz viel Geld heranschaffe und wenig Erkenntnis hervorbringe. Selbst bei Stellenbewerbungsverfahren wird das zum Kriterium gemacht, was natürlich dazu führt, dass abweichende Meinungen, die nicht in diesem steuerbaren Mainstream verlaufen, relativ schlecht finanziert werden. Insofern ist die Hochschule bei allem, was da im Einzelnen auch noch Gutes passiert, letztendlich nicht mehr dieser Anker der Wahrheit, der unabhängige gesellschaftlich kritische Impulse geben könnte, sondern sie ist eine höchst abhängige Instanz.

Ich habe versucht, das einmal in zwei Begriffe zu fassen, die ein bisschen derb sind. Das eine ist das *Drittmittelbordell,* das heißt, ich muss mich zur Verfügung stellen und dann auch stöhnen für denjenigen, der mich bezahlt; und das andere ist der *Zertifikatsdiscounter* – wir sind also dazu angetan, möglichst viele Leute so auszustatten, dass sie mit den Weihen der Wissenschaft in das Leben hinaustreten können. Ob das dann wirklich gedeckt ist durch Bildung, fachliches Wissen, methodische Fertigkeit und all diese wissenschaftlichen Sekundärtugenden, das ist in hohem Maße fragwürdig. Es wäre bedauerlich, wenn es nur darum ginge, dass hier Erkenntnisverlust passiert wäre.

Unsere Veranstaltung heißt »Demokratie im Treibsand der Diskurse«. Die Demokratie selbst ist angewiesen auf eine gebildete Öffentlichkeit, die sachgerechte Entscheidungen zum Ausgangspunkt ihres politischen Handelns machen kann. Wenn aber eine Instanz innerhalb der Gesellschaft, wie die Wissenschaft, nicht mehr unabhängig ist, sondern eingebettet in ideologische oder ökonomische Abhängigkeiten, dann ist ein wesentlicher Stützpfeiler der Demokratie gewissermaßen in diesem Sand versunken. Was wir hier genau sehen, im Umfeld von Ulrike Guérot: Hier liegen Themen (Corona oder die Hintergründe des Ukrainekonfliktes) in der Luft, die einer wissenschaftlichen Erörterung und auch einer Beurteilung zugeführt werden müssten, aber sie bleiben liegen, weil die Kollegen dieser Institutionen aus Sorge vor missliebigen Öffentlichkeitswahrnehmungen befürchten müssen, dass Gelder für die Universitäten ausbleiben und so weiter, und das ist eine Selbstkastration dieser Institutionen, wie sie schlimmer nicht sein könnte.

Ulrike Guérot: Ich mache das einmal etwas präziser. Sie haben im März 2020 wahrscheinlich alle von diesem unsäglichen Papier des Innenministeriums gehört, einem Papier, mit dem Beamte (!) der Bevölkerung bewusst Angst mit Blick auf Corona machen wollten. Daran hat ein Politikwissenschaftler der Universität Bonn mitgeschrieben, der bis 2020 eine Assistenzprofessur in China innehatte. In dem Papier wurde für die harte chinesische Lockdown-Variante plädiert. Es steht zu vermuten, dass es für dieses Papier auch irgendeine Finanzierung gab. Es war schließlich eine offizielle, regierungsamtliche Studie. Die heterodoxe Meinung aber ist meist nicht förderungswürdig. Das ist die universitäre Realität, und diese Realität ist problematisch, denn die Drittmittelabhängigkeit – das ist kein neues Thema – macht unabhängige Forschung quasi unmöglich. Bei Corona war das besonders sichtbar: Die »Corona-Wissenschaft« war insgesamt eine von interessierten Stiftungen und anderen Akteuren erkaufte Rechtfertigungs- oder Legitimationswissenschaft, so etwas konnte man sogar im renommierten *British Medical Journal* lesen. Heterodoxe, kritische Forschungen wurden nicht finanziert, gefördert oder in den sogenannten Peer-reviewed-Journals nicht gedruckt.

Matthias Burchardt: Wir müssen in der Tat darüber reden, was aus der Wissenschaft geworden ist.

Ulrike Guérot: Interessant für mich ist zum Beispiel, dass ich vor einem Monat ein Forschungsprojekt zum Thema europäische Souveränität bei einer Stiftung eingereicht habe, und natürlich habe ich vorher geschaut, wer da in der Jury ist. Ich muss leider davon ausgehen, dass in den Jurys bekannter Stiftungen längst die sogenannte »Kontaktschuld« um sich greift, wenn es um Forschungsgelder geht. Das sind natürlich sublimierte Prozesse. Man erfährt nie genau, warum ein Antrag nicht durchgeht. Das kann Zufall sein, aber eben auch Absicht. Das Risiko, dass ich inzwischen wegen meiner öffentlichen Positionen zu Corona »gebannt« bin, ist real. Bereits im Februar 2021 wurde mir bei einem anderen Forschungsprojekt bei der Allianz Kulturstiftung ganz klar gesagt, dass man meinen Antrag zu Europa wegen meiner Äußerungen zu Corona nicht bewilligen könne. Ich werde also in dieser Wissenschaftswelt, zumindest in den nächsten Jahren, wenn sich der öffentliche Diskurs zu Corona nicht doch noch irgendwie drehen sollte und im besten Fall die Maßnahmenkritiker gleichsam rehabilitiert werden, vielleicht keinen Fuß mehr auf den Boden bekommen.[6] Da Drittmittel aber heutzutage relevant für das Leistungsprofil eines Lehrstuhls sind, ist man für eine Universität praktisch nicht mehr interessant, wenn keine Drittmittel mehr eingeworben werden können.

Insofern ist es für mich ein Thema, wie ich mit dieser Grätschenposition umgehe, nämlich mit einem Bein in einem Wissenschaftsbetrieb zu sein, dessen Dysfunktionalitäten wir gerade besprechen, und auf der anderen Seite die Dinge kritisch zu hinterfragen, und das ist natürlich zentral für unabhängige Forschung und Lehre. Wenn an den Universitäten, als wichtigsten gesellschaftlichen Ausbildungsstätten, die kritischen Köpfe sozusagen wegfallen, welche

---

6 Inzwischen, zum Zeitpunkt der Drucklegung dieses Buches, ist diese Aufklärungsdebatte voll im Gange, zum Beispiel über die Impfschäden und mithin die Unwirksamkeit beziehungsweise die Gefahr der Impfung, wie zahlreiche Reportagen z. B. von NDR, MDR und ZDF belegen (Anm. d. Red.).

konformistischen Funktionseliten werden dann ausgebildet, und was heißt das für die Demokratie?

Deshalb ist diese Grätschenposition eine interessante Erfahrung, für die ich dankbar bin, aber sie ist auch schwierig, denn mein Anerkennungs- oder Referenzrahmen steht gleichsam außerhalb der Uni. Und das sollte doch eigentlich nicht so sein, wenn Universitäten Denkräume und Stichwortgeber für die Gesellschaft sein sollen, oder? Es ist für mich jedenfalls auffällig, wie wenig das, was an den Universitäten zu Corona gesagt und gedacht wurde, kongruent ist mit dem, was zum Beispiel hier gesagt und gedacht wird.

Die Sympathie und Achtung bekomme ich hier, von Ihnen, und gestern schon in Dresden und vorgestern in Leipzig. Trotzdem findet sie in einem gesellschaftlichen Raum statt, der mit dem Raum der Uni Bonn, an dem meine Existenz und mein Wirkungsgrad hängen und der meine Anträge bewilligt, praktisch nicht kompatibel ist. Ich wünschte geradezu, der Direktor der Uni Bonn oder mein Dekan wären hier und würden sich dieses Gespräch einmal anhören, dann könnten wir die Diskrepanz zwischen der Universität und der »normalen« Bevölkerung vermessen. Und dann könnten wir fragen: *Herr Rektor, vielleicht sind nicht die kritischen Stimmen das Problem, sondern die Universitäten? Was macht denn eigentlich die Uni?*

Das Ziel muss also sein, diese beiden Räume wieder zusammenzuführen, sie müssen wieder durchlässig werden. Die beiden Räume müssen wieder korrespondieren, miteinander sprechen und aufeinander bezogen werden, gerade, damit Forschung nicht im sogenannten Elfenbeinturm ist. Eine akademische Forschung sollte nicht an den Empfindungen großer Teile der Bevölkerung völlig vorbeigehen beziehungsweise im Gewand der Wissenschaft eigentlich emotionales *Nudging*, also Nötigung – zum Beispiel die Impfpflicht oder Lockdowns –, rechtfertigen. Genau das aber haben weite Teile der Sozialwissenschaften, der Jurisprudenz oder auch der Politikwissenschaft gemacht. Wer mehr darüber erfahren möchte, könnte sich die Arbeiten und Analysen der Wissenschaftler-Gruppe »7Argumente« anschauen.[7]

Wir müssen also – wenn wir das Grundgesetz als Referenz nehmen und die Verbiegungen von Gesellschaft und Recht daran bemessen – kolossales Systemversagen analysieren. Das gilt für das Wissenschaftssystem ebenso wie für andere gesellschaftliche Subsysteme. Wissenschaft darf eben keine staatlich geförderte Legitimationswissenschaft sein. Die eigentliche Frage ist, ob beziehungsweise wie wir diese Systeme jetzt wieder reparieren können. Denn dann müsste ja das Ziel sein, dass so ein Moment mit einem so übergriffigen Staat nicht mehr passiert und wir die nächste Krise *mit* dem Grundgesetz meistern.

Dazu vielleicht noch eine kleine Anekdote. Ich fand es interessant, dass nach diesen ganzen medialen Schlachten im Juni 2022 – *Lanz* oder *FAZ* – dann auf einmal die *ZEIT* auf mich zukam, mit der Bitte um ein Interview. Die E-Mail-Anfrage fand ich interessant. Herr Mangold, der Leiter des Feuilletons, hat mir geschrieben: »Frau Guérot, es scheint so zu sein, als würden Sie zu einer zeitgenössischen Figur.

---

7 www.7Argumente.de; abgerufen am 9. September 2023

Darüber möchte ich gerne mit Ihnen reden.« Da habe ich mich gefreut, dass wenigstens einer nicht nur über Plagiat mit mir reden möchte, das hätte ich nämlich abgelehnt. Und als wir dann alles Mögliche besprochen haben – es war ein sehr schönes Gespräch – und es dann doch wieder um die Anführungsstriche ging, entgegnete ich: »Wissen Sie, ich wünschte mir, dass die *ZEIT* sich einmal mit der gleichen Akribie die Daten des RKI anschauen und statistische Fehler beziehungsweise Vertuschungen ebenso skandalisieren würde oder den DIVI-Skandal oder die Krankenkassenzahlen über die Impffolgen und so weiter.« Davon steht aber nichts in der *ZEIT.* Dabei sind diese Daten von unglaublich größerer gesellschaftlicher Relevanz als meine unsauber zitierten Fußnoten.

Matthias Burchardt: Wie deutest du das denn?

Ulrike Guérot: Ich deute das als Ausdruck der diskursiven Bewegung, also den Zustand der Diskussion, in der wir uns gerade befinden. Da ist ein intellektuell wacher Journalist von d*er ZEIT,* der offensichtlich erkannt hat, es gibt ein Phänomen Guérot, und der die Bereitschaft hatte, das Subjekt dahinter zu interviewen, und zwar ganz unvoreingenommen. Er hat übrigens darauf bestanden, zu mir nach Hause zu kommen und nicht ins Café zu gehen. Er wollte offensichtlich einen Eindruck von mir bekommen. Das Gespräch dauerte über zwei Stunden. Es ging um Konfliktlinien und polarisierte Debatten; es ging darum, wie ich von *Europa* zu *Corona* komme und wo sozusagen meine alten Freunde und meine neuen Freunde sind.

Das schiebe ich hier nur einmal kurz ein, aber mein Bekanntenkreis ist – wie wahrscheinlich bei vielen von Ihnen auch – seit einem Jahr *upside down.* Vor Corona war ich in einem politikaffinen Hauptstadtmilieu, eher grün und progressiv. Aus diesem Milieu bin ich inzwischen völlig herausgefallen. Zum Phänomen Guérot gehört also auch, dass ich einerseits persönliche Attacken verschmerzen, aber auch wieder meine alte und meine neue Welt miteinander verbinden muss – wie wohl viele hier. Derzeit sind wenige Personen übrig geblieben, mit denen ich noch ab und zu E-Mails schreibe oder telefoniere, einfach, weil der Blick auf die Welt nicht mehr geteilt werden kann und das Argumentieren zu anstrengend geworden ist. Es ist fast tragisch, dieser Abgrund, der sich da aufgetan hat.

Die Sympathiewelle, die Sie mir geben und die mich natürlich nährt, hätte ich mir eigentlich von ebenjenen Freunden und Bekannten gewünscht, mit denen ich 20 Jahre meines beruflichen Weges gemeinsam über Europa gestritten und diskutiert habe. Von ihnen nicht eine einzige E-Mail zu bekommen, zum Beispiel anlässlich so einer rufschädigenden *FAZ*-Geschichte, das ist schon schmerzhaft, und auch das gehört wohl zum Phänomen Guérot, in dem sich Teile der Gesellschaft beziehungsweise der Bürger eben spiegeln können, weil meine Geschichte gleichsam öffentlich verhandelt wird.

Matthias Burchardt: Darf ich das gerade einbetten? Du sprichst stellvertretend für ganz viele Menschen, das ist das Tolle, denn wir haben alle ähnliche Erfahrungen gemacht. Ich sage immer, die Corona-Zeit war wie ein Peeling für den Freundeskreis. Du hast aber begonnen mit dem Verhältnis von Medien, Politik und so weiter. Du hast gesagt, das muss wieder permeabel werden, also durchlässig, und zugleich denke ich aber auch, dass sich die Sachen mehr gegeneinander abgrenzen müssen, um dann aus einer souveränen Position heraus ins Gespräch zu kommen. Das heißt, die Wissenschaft darf und kann nicht die Aufgaben der Politik erfüllen. Die Medien dürfen nicht die Aufgabe der Wissenschaft erfüllen – etwa journalistische Faktenchecker, die Herrn Bhakdi sagen, dass er keine Ahnung von Medizin hat. Auch da muss eine Revitalisierung der einzelnen Systeme her. Und das eine ist, dass wir beide einen großen Druck verspüren, weil wir in den Systemen leben müssen, wie sie sind, und zugleich wissen, dass sie so, wie sie sind, noch längst nicht gut sind, denn da ist noch vieles zu lösen in Hinblick auf: Wie finanzieren wir die Medien in der Zukunft? Wie soll die Wissenschaft aufgestellt werden? Was kann sich da alles noch tun? Da sind viele offene Fragen, und wir haben die Fantasien, diese ganzen Sachen neu zu gestalten und damit zu ihrem ursprünglichen Wesen zurückzuführen.

Jetzt würde ich dich gerne noch einmal zu einem anderen Punkt befragen. Du hast den Begriff der Demokratieförderung angebracht. Da gibt es einen schönen Artikel von Peter Brenner, der kürzlich im *TUMULT* erschienen ist. Ich weiß nicht, ob du den kennst oder ob den jemand hier im Publikum gelesen hat. Der hat sich einmal die Institute der Demokratieförderung angeguckt – wie die finanziert sind, wer da eine Rolle spielt – und hat festgestellt, dass da gar nicht Demokratie gefördert wird, sondern bestimmte Denk- oder Glaubensinhalte – man könnte auch sagen die Ideologeme der Wokeness – als unverzichtbare Bausteine der Demokratie behauptet werden. Ich möchte dem widersprechen. Man kann sehr wohl ein großartiger Demokrat sein, ohne diese Gesinnung zu teilen. Wer diesen Glaubenssätzen nicht folgt, wird gewissermaßen als Staatsfeind dargestellt. Das betrifft auch die Kriegs- und Friedensfrage in Hinblick auf die Ukraine, das betrifft die Corona-Frage, das betrifft auch die Migrationsfrage, die Klimafrage. Und natürlich, ich weiß, du bist Feministin, aber du hältst nicht viel von Genderismus, auch diese Frage ist betroffen. Was in meinen Augen stattgefunden hat, ist eine Anmaßung einer Alleinzuständigkeit von bestimmten Ideologien für gesellschaftliche Probleme.

Ich bin für die soziale Frage, aber ich möchte das nicht nur allein aus der Perspektive der SPD sehen. Ich bin gegen Geschlechterungerechtigkeit, aber ich halte nichts vom Gendern. Ich bin für Umweltschutz, aber ich muss mich nicht mit Greta zusammen auf die Straße kleben. Und diese eindeutige Kopplung dieser Aspekte führt plötzlich dazu, dass jemand, der das Ganze in der Sache ernst nimmt, die ethischen Anliegen teilt, die politischen Anliegen teilt, sofort auf die Seite »Nazi« und »rechts« gestellt wird, sofern er eine Alternative in Problembeschreibung und Problemlösung in Erwägung zieht. Und diese angebliche Demokratieförderwissenschaft hat die Aufgabe, diese unerwünschten Positionen zu definieren und Abweichlinge zu markieren, damit sie dann im journalistischen Raum abgeschossen und im politischen System mundtot gemacht werden können. Diese ganzen Gesetze der vermeintlichen Demokratieförderbewegung sind meines Erachtens eine Form der Delegitimierung von staatsbürgerlicher Regierungskritik und wissenschaftlicher Gesellschaftskritik, die für mich zur Substanz jeder Demokratie gehört. Demokratie ist doch gerade die Kontroverse, ebenso wie im Wissenschaftsraum.

ULRIKE GUÉROT: Zentral schien mir zu sein – auch wenn ich hier in diesen Raum schaue –, dass es auch eine Generationendynamik ist, die Dinge so zu betrachten, wie du sie hier schilderst. Hier sind wahrscheinlich die meisten 40+, außer da oben, da ist jemand jünger *(lachend),* oder da oben, da ist noch jemand jünger. Ich bin zum Beispiel 57 Jahre alt, und es scheint mir relativ auffällig, dass viele dieser Generation Probleme mit ihren Kindern haben, die dann Ende 20, Anfang 30 sind. Oder wenn man bei der Wahrnehmung dieser Dinge auf die Diskrepanz zwischen mir als Professorin und den Studierenden schaut – also wer nimmt diese Diskurseinengung im Gewand der »Demokratieförderungen« überhaupt wahr? –, dann ist das in etwa die gleiche Generationendynamik.

Jetzt also zu den Themen Klima, Ukraine und Corona. Tatsächlich erleben wir heute extrem moralisch aufgeladene Diskurse, wobei »das Gute« jeweils normativ festgelegt ist: für Klimarettung, für Diversität, für Flüchtlinge zum Beispiel.

Gegen Abtreibung zu sein ist zum Beispiel derzeit nicht so »in«, auch wenn man argumentieren könnte, dass es prinzipiell gut ist, gegen Abtreibung zu sein. Und genau da fängt die moralische Einseitigkeit ja schon an beziehungsweise wird sie offensichtlich, denn genauso gut kann man argumentieren, dass es »gut« ist, für Abtreibungsmöglichkeiten zu sein. In den 1970er-Jahren hat die Frauenbewegung in ganz Europa darüber große Kämpfe ausgefochten. Und gewonnen. Wo also ist das Gute? Ich habe das Abtreibungsthema hier einmal gewählt, um darzustellen, dass es nicht so einfach ist zu sagen, wo denn jetzt »das Gute« ist, auf das eine ganze Gesellschaft verpflichtet werden kann.

Aber genau das tun wir heute in ganz vielen politischen Bereichen. Wer das und das nicht mehr sagt oder tut – also wer zum Beispiel nicht gendert oder den Klimawandel etwas gelassener sieht oder wer noch Fleisch isst –, dessen Meinung wird tendenziell ausgegrenzt als moralisch nicht zulässig oder nicht verhandelbar. Und derjenige ist dann eben nicht mehr demokratisch beziehungsweise er wird meistens als »rechts« bezeichnet. Der Begriff »rechts« ist ja gewissermaßen zum Auffangbecken für alle diejenigen geworden, die nicht mehr in die (moralisierte) Demokratie von heute passen.

Nur wer für *das* gesellschaftlich festgelegte Gute ist, ist Teil der Demokratie. Wer aber dieser Moral oder Vorgabe nicht folgt, ist »draußen«, raus aus der Demokratie. Und der Teil der Gesellschaft, der diese Diskurse befeuert und einengt, merkt noch nicht einmal, wie undemokratisch das ist, denn Ausgrenzung ist der erste Schritt zur Erosion der Demokratie. Das über Moral geköderte Verhalten setzt demokratische Verfahren de facto außer Kraft.

Noch mal: Die Generationendynamik erscheint mir zentral, denn wenn wir ernsthaft darüber reden, dass wir gleichsam eine demokratische Kurskorrektur brauchen, also die Meinungskorridore dringend wieder öffnen müssen, und zwar unabhängig von den moralischen Einstellungen der einzelnen Bürger – Fleisch essen oder SUV fahren sind laut Grundgesetz zum Beispiel einfach erlaubt, auch wenn man sich darüber moralisch empören kann –, dann ist meines Erachtens die Frage: Wie führen wir diese Diskussion generationenübergreifend? Welche Alterskohorten sind hier wie sozialisiert? Wer ist welchen Blick auf die Demokratie und ihre Strukturelemente gewöhnt? Wer verteidigt die Moral und wer die freie Rede? Wir erleben jetzt, dass große Teile der jungen Generation offensichtlich von anderen Befindlichkeiten motiviert sind als wir noch und ihr Demokratieverständnis von diesen Befindlichkeiten geformt wird. Und diese Generation wird bald regieren.

MATTHIAS BURCHARDT: Du hast recht. Wir werden in einigen Jahren von den Fridays-for-Future-Kids regiert werden.

ULRIKE GUÉROT: Ich verweise so auf die Generationendynamik, weil ich vermute, dass viele von Ihnen Ähnliches erfahren haben. Ich zumindest habe es in der eigenen Familie erfahren. Ich habe zwei Söhne, die sind 31 und 29 Jahre; beide sind geimpft. Der eine ist Arzt, der andere arbeitet in der Finanzbranche. Nicht nur konnten wir kaum über Corona reden, beide waren oder sind auf eigentümliche Weise gar nicht besorgt über den Zerfall der Demokratie, so wie ich es bin. Und man muss doch ernst nehmen, dass die Wahrnehmungswelten hier auseinanderfallen. Denn damit ist ja die Frage verbunden: Wer hat eigentlich den Anspruch, das Verlangen zumindest, dass die Demokratie nach Corona repariert werden muss? Ist das überhaupt eine Mehrheit der Gesellschaft? Wenn nein, wie ist die Minderheit beschaffen, die das so sieht?

Und was wäre das Ziel dieser »Reparatur«? Dass wir das altbundesrepublikanische System, sagen wir vom Januar 2020, zurückbekommen? Mit einem damals offenbar noch konsensfähigen Demokratieverständnis, einem Wissenschaftsverständnis, einem Gefühl für Vernunft, also einem intuitiven Verständnis für die Funktionsmechanismen der Gesellschaft, das wir irgendwie hatten und das uns, zumindest denen, die hier sitzen – denn sonst würden Sie nicht hier sitzen! –, scheinbar abhandengekommen ist?

Was also waren die Treiber der Veränderung, jenem Empfinden, dass sich die Dinge mit Blick auf die Demokratie irgendwie verschoben haben? Dem Empfinden, dass die Gesellschaft gespalten, der Diskurs heute polarisiert ist? Und warum haben – scheinbar – viele jüngere Leute mit diesen demokratischen Verschiebungen, die ich Verformungen nenne, kein größeres Problem? Vielleicht weil sie sie weniger bemerken, weil sie weniger Erfahrungswerte oder Vergleichspunkte haben.

Nun von der Demokratie zum Wissenschaftsbegriff: Ich bin in dieser Gruppe »7Argumente« (www.7Argumente.de;

abgerufen am 9. Januar 2023). Das sind rund 80 Wissenschaftler, eingeteilt in mehrere Arbeitsgruppen: Theologie, Philosophie, Statistik, Virologie, Medizin und Jura. Die verschiedenen Arbeitsgruppen befassen sich mit allen möglichen Themen rund um das Corona-Geschehen: zum Beispiel mit der nicht legitimierten *Governance* der WHO, mit problematischen Gerichtsurteilen, mit ethischen Fragen und so weiter. Zum Beispiel ist der prominente Professor Kuhbandner dabei, der den Zusammenhang zwischen Impfung und Sterblichkeit thematisiert hat, oder Professor Cullen, den viele vielleicht auch kennen. Die Statistiker-Gruppe beobachtet sehr aufmerksam die RKI-Daten. Aber – und jetzt wird es wirklich interessant – natürlich gibt es im Wissenschaftsbetrieb auch *Gated Communities*. Auch dort gibt es *Gatekeeper*, also Türöffner und -schließer, die entscheiden, wer mit welchen Artikeln in welches Peer-reviewed-Journal kommt und wer – mit anderen Thesen oder Argumenten – eben nicht.

Das ist wie im Mediensystem, wo der Intendant im Zweifelsfall auch noch einmal in die geplante Talkshow-Runde hineingrätschen kann. Mir ist es zum Beispiel passiert, dass ich im November 2021, als ich eigentlich schon das Flugticket nach Berlin hatte, von einer Maybrit-Illner-Sendung wieder ausgeladen wurde, am Tag vorher, mit einer sehr vagen Begründung. Niemand kann jetzt sagen, warum das so passiert ist und wer das warum so entschieden hat. Vielleicht waren es auch ganz banale Gründe, vielleicht aber auch nicht, und es war eine bewusste Entscheidung, mich gleichsam nicht mehr zum Fernsehzuschauer vorzulassen. Denn das ZDF wusste ja, dass ich maßnahmenkritisch war. Das Subtile der *Cancel Culture* ist ja gerade, dass es niemand erfährt.

Solche *Gatekeeping*-Geschichten gibt es im Wissenschaftsbetrieb eben auch. Es wird also subtil kontrolliert, was wo gesagt oder gedruckt wird. Das heißt nicht, dass kritische Meinungen hierzulande nicht mehr geäußert oder gedruckt werden können. Aber eben nur so, dass nicht mehr zu viele Personen mit ihnen in Berührung kommen. Auch deswegen war ich als Phänomen Guérot vielleicht ein zu großes Störfeuer bei dem Versuch einer Diskursharmonisierung[8], weil ich noch – siehe Talkshows – »ein Mikrofon« hatte und mit einer gewissen Reichweite zur bürgerlichen Mitte gesprochen habe. Wahrscheinlich musste ich – Stichwort Plagiat – genau deswegen diffamiert werden.[9]

Kommen wir zum Thema Demokratie. Als Politikwissenschaftlerin schaue ich mir seit Längerem die Debatten über die sogenannte »simulative Demokratie« an. Die Theorien sind schon älteren Datums, aber das einschlägige Buch zum

---

8 Dass die Bundesregierung gerade beim Ukraine-Krieg eine bestimmte Deutungshoheit medial durchsetzen wollte, belegen Regierungsdokumente, vgl. *NachDenkSeiten*, https://www.nachdenkseiten.de/?p=88771 (abgerufen am 9. Januar 2023). Außerdem belegen Studien inzwischen, dass die Ukraine-Berichterstattung der Medien einseitig war, https://www.cicero.de/aussenpolitik/studie-zur-berichterstattung-uber-den-ukraine-krieg-russland (abgerufen am 9. Januar 2023), Anm. d. Red.

9 Rund ein halbes Jahr nach diesem Gespräch ist Ulrike Guérot immer noch weitgehend aus dem öffentlichen Raum verbannt, vor allem nach ihrem zweiten Buch, *Endspiel Europa*, vom Oktober 2022 (Anm. d. Red.).

Thema in neuerer Zeit ist *Simulative Demokratie* von Ingolfur Blühdorn. Dazu gibt es das Buch *Umgekehrter Totalitarismus* von Sheldon Wolin – schon seit Längerem auf Englisch, jetzt auch auf Deutsch –, der im Prinzip auch das Phänomen der simulativen Demokratie beschreibt. Also ein System, das sozusagen auf der Oberfläche freiheitlich-demokratisch, aber sublimiert totalitär ist, weil unterschwellig z. B. Meinungskorridore eingeengt und die Medien de facto »gelenkt« werden, zum Beispiel durch Algorithmen.[10] Wir wissen das alles, also zum Beispiel, dass kritische YouTube-Clips gelöscht werden, wenn sie über eine Million *Clicks* haben und so weiter. Die Demokratie ist hier aber so fassadenhaft simuliert, dass dies kaum jemand bemerkt.

Um es plakativ zu sagen: Vor 100 Jahren gab es das Bauhaus. Das Bauhaus hatte das zentrale Motto *Form follows Function,* die Form folgt dem Inhalt. Wenn es da zum Beispiel einen Flüchtigkeitsfehler in einem Text gab, dann hat man den Text trotzdem gewichtet und gelesen und die Fehler eben korrigiert. Heute gilt *Function follows Form,* also die Form bestimmt alles. Was drin ist, also der Inhalt, ist nicht mehr so wichtig. Im Grunde trifft das für die simulative Demokratie zu. Nehmen wir zum Beispiel die Bürgerbefragungen oder *Citizens' Assemblies,* die sehr *en vogue* sind. Die EU-Kommis-

---

10 Nach der Übernahme von Twitter durch Elon Musk ist inzwischen durch die Twitter-Files bekannt geworden, dass gerade bei Corona de facto die CIA Vorgaben zu Meinungsäußerungen und Sperrungen von Accounts gemacht hat, https://www.infosperber.ch/politik/welt/twitter-diente-jahrelang-als-gehilfe-des-pentagons/ (abgerufen am 9. Januar 2023), Anm. d. Red.

sion hat zwischen 2020 und 2021 eine sehr große Bürgerbefragung zur Zukunft Europas durchgeführt, und zwar mit erheblichem finanziellen und methodischen Aufwand, also Zufallsauswahl etc. Am Ende aber durften diejenigen, die an den vier *Citizens' Assemblies* teilgenommen haben, ganze drei Minuten zu so einem umfangreichen Thema wie *Europa* sprechen. Was also kann mit einer solchen Befragung inhaltlich erreicht werden?

Seit Mai 2022 liegen nun 49 Vorschläge von europäischen Bürgern auf dem Tisch der EU-Kommission, was man in Europa besser machen sollte: zum Teil wirklich gute Vorschläge übrigens. Die Frage ist aber jetzt, was mit diesen Vorschlägen passiert, ob daraus ein politischer Prozess entsteht, ob die Vorschläge also umgesetzt oder vom Europäischen Rat blockiert werden. Die Chancen, dass einfach nichts passiert, sind leider groß.

Das sind solche Mechanismen, die man als simulative Demokratie bezeichnen könnte. Die Form ist korrekt – *Function follows Form* –, aber der Inhalt interessiert nicht. Die EU-Kommission kann sich der Tatsache rühmen, dass sie europaweit ein experimentelles Demokratieprojekt erfolgreich durchgeführt hat, nur was dabei herausgekommen ist, interessiert kaum. Wenn es in einer Demokratie eigentlich um den Erwerb oder Kampf von Rechten geht – Frauenrechte, Sozialrechte etc. –, dann würde simulative Demokratie bedeuten, dass im Grunde Rechte durch Partizipation ersetzt werden. Es gibt keine Ergebnisse, aber Mitsprache. Die Form ersetzt den Inhalt. Und weil es Mitsprache gab, können die Bürger nachher nicht kritisieren, was dann in

Europa entschieden wird, denn es gab ja eine Mitsprachemöglichkeit. Die Bürger verantworten also das Ergebnis, auch wenn es nicht ihren Wünschen entspricht oder wenn gar nichts passiert.

Im Grunde ist das – so nennt es die spanische Philosophin Marina Garcès aus Saragossa – die »Neutralisierung der Kritik«. Kritik an politischen Verhältnissen kann nicht mehr greifen, man kann nicht mehr gegen Entscheidungen monieren, weil die Bürgerversammlung im Zweifel die Entscheidung selbst hervorgebracht hat. Die Oberflächen der Demokratie – *Function follows Form* – sind also glatt gewischt worden.

MATTHIAS BURCHARDT: Du hast die Frage, bevor ich sie dir stellen konnte, im Grunde schon beantwortet, aber ich stelle sie trotzdem. Die klingt möglicherweise ein bisschen anders, als sie gemeint ist: Ist Deutschland ein souveräner Staat? Denn das Prinzip der Demokratie ist ja die Volkssouveränität, und diese Diskussion muss auch geführt werden in Hinblick auf die Abhängigkeit von Alliierten, insbesondere Amerika. Dazu kann man wissenschaftlich einiges sagen. Ein Verfassungsrechtler aus Freiburg, der Herr Foschepoth, hat belegt, dass es Zusatzvereinbarungen gibt, wenn es darum geht, ob das deutsche Recht auch für die Alliierten gilt. Es gilt nicht. Wenn etwa die Bundeskanzlerin von der NSA überwacht wird, ist das kein Eingriff in unsere Souveränität, sondern deren gutes Recht. Insofern kann man die Souveränität auf mancher Ebene infrage stellen, ohne damit den abstrusen Fragenkreis der Reichsbürgerszene zu betreten. Aber darum ging es mir gar nicht. Die Volkssouveränität ist an Bedingungen geknüpft und muss sich in irgendeiner Weise artikulieren. Was du beschreibst, sind demokratische Attrappen oder Placebos, die ausgeteilt werden, im Grunde bloße Formalismen, die eine bestimmte demokratische Illusion aufrechterhalten und zugleich die Volkssouveränität in ihrer Wirkung in Hinblick auf Kritik und Gestaltung sterilisieren.

Ulrike Guérot: Neutralisieren.

Matthias Burchardt: Neutralisieren, ja, das ist noch besser. Im Bereich der Bildungspolitik hat sich etwa die OECD große Gedanken gemacht, wie sie dazu kommt, dass sie eine demokratische Legitimation für ihre Transformationsprogramme bekommt, indem sie so etwas wie Ideen etabliert, was unter Bildung zu verstehen ist. Vor Bologna und Pisa haben alle bei Bildung an Humboldt gedacht, an Menschwerdung, heute denken wir an Humankapital und Pseudo-Partizipation. Lesen und Schreiben lernen, was war das noch mal? Das brauchen wir nicht mehr.

Ulrike Guérot: Emojis.

Matthias Burchardt: Emojis, genau. Ich selber habe Erfahrungen mit dieser Transformation gemacht, als meine Chefin Prorektorin der Universität zu Köln war, und die hatte noch versucht, das Alte irgendwie zu verteidigen. Sie war eingeladen bei einer Fortbildung für Universitätsverwaltung der Bertelsmann Stiftung, und da wurde gefragt: »Wie kriegt ihr das hin, dass ihr den demokratischen Erfordernissen, die bei euch auf dem Papier stehen, gerecht werdet und trotzdem eure Reformagenda erfolgreich ist?« Da gab es einen Schlüssel, wie Gremien aufgebaut sein müssen, damit die Ergebnisse zustande kommen, die man will, und trotzdem keiner motzt. Das heißt, man braucht eine Mehrheit von Leuten, die dafür ist, muss aber diejenigen, die verlieren werden oder die kritisch sind, mit einbinden, damit die nicht sagen können, wir wurden nicht gehört. Das ist genau dein Beispiel.

Dann wurde etwa geraten, dass man ganz viel Material austeilt, bevor die Entscheidungen getroffen werden. Das habe ich dann auch bekommen, habe alles durchgelesen, angekreuzt, Gegenargumente stark gemacht, von der Sache her argumentiert, und ich komme in die Gremiensitzung rein, und unser Dekan sagt: »Sorry, das ist nicht mehr aktuell. Ich habe jetzt ein neues Paper.« Das heißt Frustration von Gremienarbeit, permanenter Informationsvorsprung, Zeitdruck, Dynamisierung von Verhältnissen und so weiter. Und der Punkt ist: Diese Systeme verschleiern Herrschaftsbezüge, die in einem Rechtsrahmen nicht mehr legitimationspflichtig sind und sich auch nicht mehr vor der Autorität der Volkssouveränität rechtfertigen müssen, sondern letztendlich eine Transformationsdynamik hervorbringen, die interessengeleitet zu sein scheint. Diese Perspektive müssen wir mit hineinnehmen. Es gibt Akteure und es gibt Profiteure und es gibt Verlierer bei diesen simulativen Demokratien.

Ulrike Guérot: Nun, das alles zeigt, dass der Begriff »Volkssouveränität« wohl schon immer eine Fiktion gewesen ist. Das

»Volk« als solches ist ja nur eine abstrakte Größe und sichtbar nur in seiner parlamentarischen Repräsentation. Worum es hier geht, ist, klassisch nach Rousseau, die Differenz zwischen der *Volonté Géneral,* also dem *allgemeinen Willen,* und der *Volonté de Tous,* also dem *Willen aller,* wobei eben das Problem ist, wie der zu ermitteln ist. Wir vermuten, dass die *Volonté Géneral* durch die parlamentarische Repräsentation gefunden wird, während die *Volonté de Tous* gleichsam »das Volk auf der Straße« ist. Und dieses Spannungsverhältnis, also das Gefühl, dass die parlamentarischen Entscheidungen nicht unbedingt den Willen des Volkes oder der Bürger repräsentieren, den verspüren wir vermehrt, übrigens in ganz Europa. Man nennt es eine Krise der Repräsentation, aus der sich der europäische Populismus speist.

Insofern stellen wir heute im Grunde eine alte Frage, nämlich: Was ist eigentlich Demokratie? Worüber reden wir, wenn wir von Demokratie reden? Über *Government of the People, by the People and for the People,* um mal diese alte Definition zu nehmen? Und wie organisieren wir heute Demokratie? Im Parlament, in Bürgerversammlungen?

Beziehungsweise was ist die heutige Form der Demokratie, und wer hat Teilhabe? Bei den alten Griechen zum Beispiel waren weder Frauen noch Sklaven dabei, es war eine »Alte-weiße-Männer«-Demokratie. Wenn wir diese Frage beantworten wollen, müssten wir auch ehrlicherweise zugeben, dass wir gar nicht so lange Erfahrung mit Demokratien haben, obgleich wir heute – vor allem im Westen – so tun, als sei diese schon immer da gewesen. De facto aber waren und sind Demokratien auch noch im 20. Jahrhundert und auch in Europa – denken wir an Spanien, Portugal oder Griechenland – bis weit in die 1970er-Jahre brüchig und fragil gewesen, ganz zu schweigen von der Liste der Bürgerkriege oder Putsche seit 1949 weltweit. In Deutschland gab es bis 1918 ein Dreiklassenwahlrecht, Frauen wählen erst seit 1918, in Frankreich übrigens erst seit 1944 (!). Zwischen den Weltkriegen gab es in Deutschland, und nicht nur da, undemokratische Jahre, also Faschismus und Nationalsozialismus.

Wenn wir heute über Probleme der Demokratie sprechen, dann reden wir also nicht über eine lange historische Epoche einer supertollen Demokratie, nur um das einmal zu sagen. Sondern wir reden über eine recht kurze zeithistorische Erfahrung, die nur deswegen unsere politische Referenz ist, weil wir es so seit 1949 *erlebt* haben. Diese Demokratie funktioniert, zum Beispiel mit Blick auf den sozialen Frieden, seit geraumer Zeit nicht mehr. Doch jetzt, mit Corona, haben viele gemerkt, dass auch mit Blick auf die Rechtsstaatlichkeit, das Gerichtswesen, die Rechtsordnung etc. einiges ins Rutschen gekommen ist. Es geht also um die Grundfeste unserer Demokratie.

Der populistische Druck oder das, was du den Wunsch nach Volkssouveränität nennst – also diese Gegenüberstellung von Parlament und Straße, *Volonté Générale* und *Volonté de Tous* –, ist aber schon länger da. Für mich persönlich gilt hier der Spruch von Walter Benjamin, der einmal, aus dem Kopf zitiert, gesagt hat: »Vor jeder faschistischen Epoche steht eine gescheiterte soziale Revolution.« Für mich persönlich war deswegen die Bankenkrise zu Beginn der letzten Dekade, um 2010/2012, als die Banken mit Steuergeldern gerettet wurden, zwar nicht der Auslöser, aber ein wichtiger Verstärker des europäischen Populismus, weil de facto das Volk verraten wurde, wenn man es plump ausdrücken möchte.

Seither werden überall in Europa Rufe wie etwa »Wir sind das Volk« immer lauter. Und diese Rufe bezeichnen im Grunde die Souveränitätsdebatte, die du meinst. In Großbritannien waren es die *Brexiteers,* in Frankreich später die *Gelbwesten,* aber das Prinzip ist immer das gleiche: Es stehen Eliten und ihre Entscheidungen gegen Volk. Auf einmal gab es eine AfD, eine FPÖ oder Marine Le Pen, kurz »die Straße«.

Die parlamentarischen oder auch meritokratischen Eliten haben also bemerkt, dass die Parlamente kaum noch ernst genommen werden. In Reaktion darauf gab es auf einmal in den letzten Jahren den Impuls für Bürgerversammlungen, eben um »die Straße« einzubinden. Die französischen Bürgerversammlungen zum Beispiel waren eine klare Reaktion von Emmanuel Macron auf die Proteste der Gelbwesten. In Irland, in Belgien, in Großbritannien usw. gab es in den letzten Jahren Bürgerversammlungen oder *Citizens' Assemblies,* die Bürger wurden also befragt. Jetzt ist die Frage: Ist das jetzt Volkssouveränität? Denn eigentlich werden Bürger nicht *befragt* – was in letzter Konsequenz ja ein herablassender Akt desjenigen ist, der befragt –, sondern Bürger *entscheiden!* Und das ist ein Unterschied.

Und damit zu deiner Frage, Matthias. Empirisch hast du nämlich recht. Wenn man die Frage stellt: *Wer partizipiert, wenn alle partizipieren?,* und sich dann die Daten anschaut, dann stellt man fest: Im Grunde partizipieren nur die, die

Zeit, Geld und Interesse haben, um zu partizipieren. Man weiß das eigentlich schon aus der Forschung, zum Beispiel über die Schweizer Volksbefragungen. Nämlich dass solche Befragungen meistens von einer gut organisierten, informierten Minderheit ausgehen, die die Mittel haben, diese Befragungen zu organisieren, und dann oft auch gewinnen. Auch Volksabstimmungen sind darum mehr die politische Organisation von Interessengruppen als der Ausdruck einer *Volonté de Tous.*

Bei Bürgerbefragungen gibt es eine versteckte Ausgrenzung. Nehmen wir an, es gibt eine Bürgerkonferenz in Frankfurt zu irgendeinem Thema und die Teilnehmer werden per *Random Selection* ausgewählt. Schon bei der Telefonauswahl fallen zum Beispiel diejenigen durch das Raster, die kein Festnetz haben, also das untere Fünftel, das eher Prepaidhandy-Karten hat. Aber selbst wenn man sie erreicht und man dann zum Beispiel einen Obdachlosen oder zwei Hartz-IV-Empfänger theoretisch in so eine Bürgerversammlung einladen würde, dann ist die Wahrscheinlichkeit, dass diese Personen trotzdem nicht teilnehmen, sehr hoch. Warum? Weil diese Personen ihre soziale Ausgrenzung antizipieren, also weil sie das Gefühl haben, ihre Ausdrucksweise passt nicht. Sie grenzen sich durch ihre Sprache aus oder weil ihre Kleidung nicht stimmt und so weiter. Im Grunde wird so die soziale Ausgrenzung oder die mangelnde soziale Repräsentation der Parlamente reproduziert, nur eben nicht formal, sondern informell. Hartz-IV-Empfänger gehen nicht zur Wahl, sitzen nicht in Parlamenten, gehen aber auch nicht zu Bürgerversammlungen.

Man könnte also die Hypothese formulieren, dass das, was in den Parlamenten kritisiert wird, also die meritokratischen Herrschaftsmuster der parlamentarischen Demokratie, sich letztendlich in den Bürgerversammlungen repliziert und diese darum nicht besser sind. Nur geschieht das, wie eben schon gesagt, auf einer anderen Oberfläche, denn in der Bürgerversammlung können theoretisch *alle* partizipieren. Die Oberfläche ist also glatter und kann weniger kritisiert werden, es ist nicht mehr »die Politik« oder »der Bundestag«, der etwas entscheidet. Anders formuliert: Die Herrschaftsstrukturen sind sublimiert. Sie erscheinen demokratisch, sind aber implizit gelenkt.

Insofern, das wussten schon die Bolschewiken, ist »Volkssouveränität« ein schwieriger Begriff, denn einige sind immer *gleicher als gleich*. Auch diese Fragen sind übrigens bei Weitem nicht neu: sie wurden interessanterweise in den 1920er-Jahren – auch unruhige Zeiten – bereits intensiv diskutiert, zum Beispiel von der französischen Philosophin Simone Weil in ihren Überlegungen über *Politik ohne Parteien* oder Konzepte der Autogestion, also der bürgerlichen Selbstverwaltung. Auch die Räterepubliken der Bolschewiken, die ja im Grunde historische Vorläufer der Bürgerversammlungen waren, wenn man so will, waren letztlich – gescheiterte – Versuche, Volkssouveränität zu organisieren.

Der Topos der simulierten Demokratie ist also recht aktuell und natürlich strittig. Zum Beispiel ist fraglich, ob man den Begriff »simulative Demokratie« heute überhaupt benutzen darf. Ich habe einmal auf LinkedIn etwas dazu gepostet, und das wurde gelöscht. Es ist schon interessant, dass man schon wieder in der Kritik ist, »staatsfeindliche Umtriebe« zu schüren, wenn man den Topos der simulativen Demokratie theoretisch beleuchten möchte und feststellt, dass damit vielleicht Rechte durch Partizipation ersetzt werden, die Partizipation also letztlich Augenwischerei ist.

Matthias Burchardt: Der Satiriker Bernd Zeller, *Zellers Zeitung*, hat eine Definition von Wissenschaft, die genau das bestätigt. Wissenschaft ist: Man stellt eine Hypothese auf und prüft dann empirisch, ob man sie sagen darf. Und deshalb ist es vermutlich unwissenschaftlich, von simulativer Demokratie zu sprechen, oder?

Ulrike Guérot: Die eigentliche Frage ist: Warum haben viele plötzlich das Gefühl, dass die Parlamente heute unzureichend sind? Das war ja nicht immer so. Die Wahlbeteiligungen zum Beispiel sind ein guter Indikator. In Frankreich ist die Wahlbeteiligung bei der Präsidentschaftswahl gerade einmal knapp über 50 Prozent gewesen, bei den Regionalwahlen 2020 nur bei rund 30 Prozent. Es gibt eine Art »parlamentarische Müdigkeit«. In Frankreich haben jüngeren Zahlen zufolge rund zwei Drittel der Franzosen kein Institutionen- und Staatsvertrauen mehr. Zwei Drittel! Das führt dazu, dass sie kein Interesse mehr an Wahlen haben. Die Vergleichsdaten für Deutschland sind ein bisschen besser: »Nur« rund 20 Prozent haben kein Institutionenvertrauen mehr. Aber selbst das sind 20 Prozent zu viel.

Jetzt ist die Frage, warum die Demokratie-Formen, an die wir gewöhnt sind, jetzt so, man möchte fast sagen, zusammenklappen. Einerseits könnte man sagen: Altersschwäche. Auch die Bundesrepublik kommt in die Jahre, sie ist 70. Und selbst wenn wir das nicht wahrhaben wollen, aber auch Staaten und Verfassungen sind vergänglich. Seit 1800 hatte das heutige Deutschland ja rund sechs Verfassungszäsuren: erst den Deutschen Bund, dann das Deutsche Reich, dann Weimar, dann Hitler, dann die kleine Bundesrepublik und die noch kleinere DDR, dann die Wiedervereinigung. Diese Zäsuren beziehungsweise Verfassungsbrüche passieren – sehr unterkomplex formuliert – oft oder meistens dann, wenn ein technologischer Schub die Gesellschaft ereilt und das politische System nicht mehr hinterherkommt. Letztlich hat zum Beispiel die Industrialisierung des 19. Jahrhunderts die ersten Demokratien befördert, weil man für die Fabriken Arbeiter brauchte und deswegen der Feudalismus, der weitgehend auf agrarischen Strukturen basierte, nicht mehr funktionierte. In der neomarxistischen Theorie hat man darum immer von Unterbau und Überbau gesprochen: Die ökonomische oder technologische Bedingtheit einer Gesellschaft bringt einen ihr entsprechenden – und darum immer wieder neuen – politischen Überbau hervor.

Die 70-jährige Demokratie der Bundesrepublik, entstanden 1949, ist also gleichsam das Gewölbe über einer Industriestruktur, die es in der zweiten Hälfte des 20. Jahrhunderts gab. Diese Struktur – und damit die Gesellschaft – hat sich aber inzwischen fundamental gewandelt. Vor allem die Mittelschicht ist weggebrochen. Das wird in Büchern wie *Die Abstiegsgesellschaft* von Oliver Nachtwey oder *Das Ende der Illusionen* von Andreas Reckwitz detailliert dargestellt.

Es gab einen Wandel von der Industrie- zur Dienstleistungsgesellschaft, etwa ab Beginn der 1980er / 1990er-Jahre. Diesen Übergang beziehungsweise diese Veränderung des Unterbaus hat die parlamentarische Demokratie als Überbau noch recht gut mitgemacht, obwohl sich schon da die sozialen Gruppen rekonstruierten. Aber irgendwie hat das Gewölbe der parlamentarischen Demokratie gehalten, nicht nur der Bundestag, auch die Parlamente in Italien oder Frankreich. Jetzt ändert sich der ökonomische beziehungsweise gesellschaftliche Unterbau wieder von einer Dienstleistungsgesellschaft in eine, ich nenne es hier einmal digitale oder Algorithmen-Gesellschaft, durch die Robotics, die KI und so weiter.

Man kann bemerken, dass dadurch zentrale Elemente, die die Träger der parlamentarischen Demokratie waren, dekonstruiert werden. Der Begriff von Arbeit – was ist heute Arbeit? – wurde ebenso dekonstruiert wie etwa der Begriff von Gewerkschaft, dem Büro, der Firma. Durch Corona wurde das ganz sichtbar: Kaum jemand braucht heute noch ein Büro, es genügt für viele ein Sofa und ein Laptop. Man braucht auch keine Fernseh- oder Radiostudios mehr. Jeder kann seinen eigenen YouTube-Kanal machen. Die Gesellschaft ist fast völlig atomisiert und individualisiert.

Dieser Prozess lässt sich auch anderswo abbilden: Die großen Kraftwerke oder Stromversorger wie RWE gehören offensichtlich auch der Vergangenheit an. Heute gibt es Windparks und immer mehr Dörfer oder Kleinstädte, die das Bedürfnis haben, energieautark zu sein. Also alle Systeme werden scheinbar dezentral und kleinteilig, sogar das Geld: die sogenannten Kryptowährungen, die auf der Blockchain-Technologie beruhen, wo alle Daten auf jedem Punkt gespeichert sind und es keine »Zentrale« gibt. Wenn die Welt in jeder Hinsicht atomisiert ist oder wird, dann ist die Frage, wie der politische Überbau für diese Art der Algorithmen-Gesellschaft aussehen kann und soll. Kann es noch die bisher bekannte parlamentarische Demokratie sein? Auf der einen Seite wird die Gesellschaft atomisiert, auf der anderen zentralisiert, z. B. durch globale Datenerhebungen durch die NSA, Google, Microsoft, Amazon, etc. Konsequenterweise müssen politische Systeme, die das abbilden wollen, zwischen Dezentralisierung und Totalitarismus oszillieren.

Denn eine Form von Staatlichkeit ist ja immer gleichsam ein Dreieck aus Staat oder Politik, Wirtschaft und Bürgern. Und es sind letztlich die Wirtschaftsstrukturen, die eine dazu passende Form von Staatlichkeit hervorbringen und mithin Grundlage jeder Nationenwerdung sind. In der Weimarer Republik gab es damals die großen staatlichen Monopole für die Post, Telekommunikation, Strom, Energie oder die Bahn – dazu private Stahlmogule wie Thyssen, Krupp und so weiter, mit quasi oligopolischer Macht. Die Monopole brauchte der Staat für sein Funktionieren. Zum einen wurden damit wichtige Infrastrukturen gesichert, zum anderen viele Arbeitsplätze geschaffen, und beides sicherte die bürgerliche Stabilität der jungen Republik. Die Stahlmagnaten wiederum sicherten das Kräfteverhältnis zwischen Arbeit und Kapital über Verträge wie etwa das Stinnes-Legien-Abkommen mehr oder weniger gut. Die Weimarer Republik hatte also bis zum

Schwarzen Freitag 1929 einen relativ stabilen industriellen Unterbau.

Was ist heute der Unterbau für unsere Demokratie? Wie sieht das heutige Dreieck zwischen Staat, Wirtschaft und Bürgern aus? Haben Nationalstaaten überhaupt noch einen wirtschaftlichen Unterbau in Zeiten der Globalisierung? Welche Firma zahlt wo Steuern? Und wer sind die Bürger der Nationalstaaten? Nur die Einheimischen? Oder auch Migranten? Zumal wir alle ja auch noch europäische Bürger sind und Freizügigkeit genießen. Das alles sind zum Teil ungelöste Fragen. Sie kreieren die Probleme für den heutigen politischen Überbau, für die Frage nach der Form der Demokratie, die wir jetzt irgendwie neu suchen.

Siemens hat vielleicht noch das Headquarter in Deutschland, aber die Beschäftigten sind über den Globus verteilt. Und das Geld vieler Firmen ist auf den Panama- oder Cayman-Inseln, wie die vielen Skandale über Steuerparadiese belegen. Oder in Irland, auch dort zahlt man nur 12 Prozent Unternehmenssteuer, weswegen die großen amerikanischen Firmen alle ihren europäischen Sitz in Dublin haben.

Wenn Staaten grundsätzlich auf Steuerhoheit aufbauen – *the state can taxe* –, denn ohne Steuereinnahmen gibt es keine Staatlichkeit, kein Budget, keinen Haushalt und letztlich keine Politik, keine soziale Umverteilung und wenn aber gleichzeitig die Frage der Unternehmensbesteuerung äußerst kompliziert ist, dann ist das genau die Frage nach der Form der Demokratie beziehungsweise der Form von Staatlichkeit heute. Kann es in dieser atomisierten Gesellschaft, in dieser globalen Algorithmen-Gesellschaft perspektivisch

Nationalstaaten mit Steuerhoheit und ihre parlamentarischen Demokratien geben, so wie wir sie kennen? Anders formuliert: Welche Neuformung müsste die Demokratie heute hervorbringen, um zu funktionieren? Die Frage ist eine offene, und sie lautet konkret: Wer arbeitet morgen noch und in welchem Büro oder an welchem Ort? Wer verdient morgen noch etwas und womit und zahlt wo Steuern? Was wird als Arbeit gewertet? Erwerbsarbeit, Care-Arbeit? Sozialarbeit? Oder die Arbeit von Robotern, die dann auch steuerpflichtig wäre?

Weil wir das nicht mehr so genau wissen, diskutieren wir derzeit Konzepte wie etwa ein *Basic Income,* ein Grundeinkommen oder etwa das Bürgergeld. Wäre ein Grundeinkommen mehr Freiheit oder mehr Sicherheit oder ist es vielleicht Abhängigkeit? Vor allem aber: Können Bürger, die von einem Grundeinkommen letztlich abhängig sind, auf der anderen Seite mündige Wahl- und Staatsbürger sein? Passt das zusammen?

Das wissen wir alles noch nicht, dazu gibt es Debatten. Aber genau das sind die Fragen, die man seriöserweise stellen müsste, wenn wir darüber reden, welche Form der Demokratie wir morgen haben wollen, haben sollten beziehungsweise haben können. Und das alles ist ein bisschen komplizierter, als nur die Frage nach der fehlenden Volkssouveränität zu stellen oder das Parlament gegen »die Straße« zu stellen, denn von »der Straße« – manchmal auch Mob genannt – regiert zu werden, war und ist in der Geschichte meistens eher unschön, gerade weil es so schwierig ist, eine veritable Organisationsform für Volkssouveränität zu finden. Wir diskutieren diese

Frage ja nicht zum ersten Mal seit der Französischen Revolution. *(lacht)*

MATTHIAS BURCHARDT: Das ist ein empirisches Argument, und das wäre für mich kein Einwand gegen die Norm. Das Gebot »Du sollst nicht töten!« wird jeden Tag gebrochen, aber wird dadurch in seiner Geltung nicht delegitimiert, sondern im Grunde wird die Geltung von »Du sollst nicht töten!« mit jedem Mord evidenter. Insofern stellt für mich jeder Übergriff auf Volkssouveränität und die staatliche Selbstbestimmung eine Erschütterung des Rahmens dar, der rechtsstaatlich gegeben war. Doch die möchte ich gerade zurückfordern.

Die Diagnose ist, ich stimme völlig zu, ein großer Vertrauensverlust. Aber vielleicht gilt auch das Gegenteil: Es ist immer noch zu viel Vertrauen da, das wir diesen Institutionen schenken, denn Demokratie ist doch eigentlich institutionalisiertes Misstrauen durch die Gewaltenteilung, durch die Kontrollen und Legitimationspflichten. Die Mächtigen haben keinen Anspruch auf blindes Vertrauen. Vertrauen muss man sich erarbeiten. Vertrauen wird verliehen. Und dass das Vertrauen verloren gegangen ist, liegt nicht daran, dass wir als Kritiker über alternative Medien herumschwurbeln, sondern die Institutionen und ihre Repräsentanten haben das Vertrauen schlichtweg verspielt. Das hat Michael Meyen in einer Studie wunderbar gezeigt: Es sind nicht die alternativen Medien, die spalten, sondern die Menschen finden dort etwas, was andernorts schon lange nicht mehr befriedigt wurde. Das heißt, die Kluft ist schon vorher entstanden. Was ich feststelle, ist, dass der Staat zu einem Getriebenen wurde.

Merkel hat von einer marktfähigen oder marktkonformen Demokratie gesprochen. Ich wäre für einen demokratiekonformen Markt gewesen.

Ulrike Guérot: Das nennt man übrigens Republik, *res publica,* also eine politische Ordnung, die nicht auf Effizienz, Profit und Kapitalakkumulation beruht. Wir wollen uns das ja nicht so gerne eingestehen, aber die politische Theorie weiß eigentlich seit Langem, dass Kapitalismus und Demokratie strukturell unvereinbar sind und die Demokratie in kapitalistischen Strukturen das Nachsehen hat, auch wenn wir viele Diskurse erfinden, um das zu verschleiern, oder die Schäden natürlich sozial abpuffern, damit es nicht so auffällt. Wir sollten deswegen meines Erachtens sowieso mehr über die Republik reden als über die Demokratie, denn Demokratie ist, wie wir gerade diskutiert haben, in erster Linie Formsache. Der Republik-Begriff hingegen ist normativ höherwertig, denn er beinhaltet de facto eine Gemeinwohlkomponente.

Matthias Burchardt: Genau, das ist besser, weil wir auch die rechtsstaatliche Dimension mit im Spiel haben, aber trotzdem scheint mir das ganz wichtig zu sein. Das heißt, Themen, die wir republikanisch hätten gestalten können, die wir also einer öffentlichen Diskussion hätten vorlegen müssen, um abzustimmen, ob wir so leben möchten, sind einfach durchgesetzt worden. Innerhalb eines Rahmens, der nicht zur Disposition stand, gab es dann ein wenig Demokratiefolklore. Nur ein Beispiel: Bei uns in der Kommune gab es eine bürgerpartizipative Veranstaltung. Nachdem durch

Public-Private-Partnership-Kooperationen und durch das Verramschen des Tafelsilbers unsere kommunalen Kassen komplett geleert wurden, durften die Bürger dann entscheiden, ob wir das Schwimmbad, die Bibliothek oder das Theater zumachen. Das heißt, der Mangel wurde in einer demokratischen Diskussion – »Welches Körperteil wollt ihr euch abschneiden?« – dann partizipativ gestaltet. Das Verramschen unseres Tafelsilbers hat man wunderbar in kleinen Kreisen beschlossen. So eine Form von Demokratie brauche ich ehrlich gesagt nicht.

Wir beobachten momentan, dass sich im globalen Maßstab die Machtzentren und die finanziellen Ressourcen auf sehr wenige Akteure konzentrieren. Auch transnationale Player spielen da eine Rolle. Die ganze Corona-Krise war eine große Umverteilung, das Verhältnis von Wirtschaft und Politik ist in eine unheilige Dynamik geraten. Michael Meyen hat diesbezüglich von einer Ehe gesprochen: Der Überwachungskapitalismus und der Überwachungsstaat sind sozusagen miteinander ins Bett gegangen und haben gemerkt, dass man die Bevölkerung durch diese Allianz ganz gut in den Sack gesteckt bekommt. Die Frage ist deshalb: Wie kann man das Vertrauen in Anbetracht dessen wieder zurückgewinnen?

Man bekämpft bedauerlicherweise den Vertrauensverlust nicht dadurch, dass man sich entschuldigt und sagt: »Wir haben Murks gemacht, und wir möchten tatsächlich diese Demokratie wieder einführen. Die Rechtsstaatlichkeit gilt nicht nur für euch, sondern auch für uns«, sondern man versucht zynischerweise, über die Kontrolle von Kommunikation und Medienpropaganda wieder diese Ersatzperspektiven zu schaffen. Oder schlimmer: Man entzieht den Menschen das Vertrauen, indem man Opposition kriminalisiert und unter den Generalverdacht des Rechtsradikalismus stellt.

Wir haben noch ein bisschen Zeit. Ich würde am Ende gerne über den Begriff der Republik sprechen, denn darin scheint mir ein gangbarer Ausweg zu liegen, dass wir eine Rückbindung an rechtsstaatliche Verfahren suchen, aber auch zurück zu einer kritischen öffentlichen Diskussion finden.

Ulrike Guérot: O. k., wir sind uns einig, dass wir seit rund 40 Jahren, also mit Beginn der Neoliberalisierung der Politik in der Mitte der 1980er, eine schleichende Erosion demokratischer Verfahren haben. Die neoliberale Agenda mit ihrem Effizienz-Paradigma hat die parlamentarische Demokratie gleichsam unterspült, das kann man vielfach beobachten. Mein Vater zum Beispiel erzählte: in seiner damaligen Firma gab es noch Leute, die die Fabrikhalle gekehrt haben, unqualifizierte Arbeiter eben, die dadurch eine sinnhafte Tätigkeit und letztlich soziale Teilhabe hatten. Heute machen das Maschinen, und die einstigen Kehrer dürften auf Hartz IV sein. Die gesellschaftlichen Konsequenzen muss ich nicht weiter ausführen. Vielleicht ist das für die Firma oder das Unternehmen besser, weil kostengünstiger; ob es für die Gesellschaft besser ist, ist eine andere Frage, und auch hier kommt eigentlich der Republik-Gedanke ins Spiel. Denn natürlich hat diese neoliberale Unterspülung der Demokratie, die permanente Effizienz-Anforderung, das Outsourcing – also, wenn du so willst, die »Marktkonformität« –, letztlich die Gesellschaft und damit die Demokratie brüchig gemacht. Und jetzt sehen wir die Konsequenzen. Der Populismus ist vielfach eine politische Reaktion der sozialen *Left behinds.*

Die sozioökonomische Dimension ist also das eine, wenn wir heute eine neue Form für die Demokratie suchen. Das Zweite ist die schon erwähnte historische Perspektive: Seit wann reden wir von Demokratie? Und wie hängen Demokratie und Republik zusammen? Schließlich sind wir heute die Bundes*republik* Deutschland und nicht die Bundes*demokratie* Deutschland, und das ist nicht trivial.

Gehen wir für eine Sekunde zurück zur Französischen Revolution 1789, der Geburtsstunde der modernen Republik, dem Moment, in dem aus Untertanen Bürger wurden. Der zentrale Satz der Französischen Revolution, durch den genau das geschah, ist: *Alle Menschen sind geboren frei und gleich in Würde und Rechten.* Dieser Satz von 1789 wurde als erster Satz in die UN-Charta von 1949 überführt, und er steht bis heute da, ihn hat man also schon mal über mehr als 200 Jahre hinweggerettet. Dieser Satz ist nach wie vor demokratischer Auftrag, denn natürlich trifft er immer noch nicht zu, obgleich wir mehr als 200 Jahre Zeit und viele technologische Entwicklungen hatten, was beides eigentlich hätte dazu führen müssen, dass dieser Satz von 1789 heute so langsam Realität wird. Doch die Welt ist gerade durch Corona noch einmal massiv ungleicher geworden: Es sind längst nicht alle 7 Milliarden Menschen auf dem Planeten Erde heute »frei und gleich an Würde und Rechten«. So richtig viel passiert ist mit dem Satz also nicht.

Insofern ist es, in Deutschland wie anderswo, tatsächlich eine der wichtigsten Fragen für die Demokratie von morgen: Wie gehen wir im 21. Jahrhundert mit diesem Satz um? Denn eigentlich ist dieser Satz ja der Grundsatz der Demokratie: nämlich *Alle Menschen sind frei und geboren gleich in Würde und Rechten.* In jeder Demokratie müssen die politischen Subjekte rechtlich gleichgestellt sein, der allgemeine politische Gleichheitsgrundsatz muss erfüllt sein. Das ist die notwendige, wenn auch nicht hinreichende Bedingung für eine Demokratie. Hannah Arendt spricht in ihrem Buch *Der Sinn der Freiheit,* es müsse im 21. Jahrhundert nach einem Zustand gesucht werden, in dem *alle frei von Not und frei von Herrschaft* sind. Wenn das das demokratische Programm für die Welt ist, dann haben wir viel zu tun. Und ob wir so eine Welt mit den bisherigen Konzepten und Begriffen von Nationalstaat, Souveränität und parlamentarischer Demokratie inklusive der derzeit dominanten Wirtschaftsordnung schaffen oder ob wir auch mit Blick auf unsere politischen Konzepte und Ordnungsmodelle einmal ganz neu denken müssten, würde ich zur Diskussion stellen wollen.

Die erste Frage wäre dann: Bis wohin erstreckt sich das Gleichheitsgebot *(… alle Menschen sind geboren gleich an Rechten …),* also die Forderung nach rechtlicher Gleichheit für politische Subjekte, die ja eigentlich global organisiert werden müsste? Die Frage wäre dann: Wo ist denn der *Ort* der Demokratie von morgen? Der Ort der *globalisierten Demokratie? Wo* müssen oder müssten die Bürger rechtlich gleichgestellt werden? Im Kiez? In ihrer Stadt? Im Landkreis?

In der Region? Dem Nationalstaat? Europa? Auf der ganzen Welt?

Wo ist also der künftige *Raum* der Demokratie? Wo *verorten* wir sie? Es wird richtig interessant, wenn man darüber nachdenkt, wo denn heute unser Raum für die Demokratie sein soll. Denn konträr zu den politischen oder parlamentarischen Systemen kommen die globalen ökonomischen Systeme – also die Pipelines oder die Handys, Waren oder Geld – praktisch ohne (nationale) Grenzen aus. Alles ist sozusagen globalisiert, *außer* der rechtlichen Gleichheit der globalen Bürger. Die *Bürger*rechte, vor allem soziale Zugangsrechte, sind – im Gegensatz zu basischen *Menschen*rechten (Nahrung, ein Dach über dem Kopf …) – überall an nationalstaatliche Grenzen gekoppelt. Darum geht es in diesem ganzen Hickhack in der Flüchtlingspolitik meist um die Frage, wer Asyl und damit einen Rechtsanspruch auf Leistungen bekommt.

In welchem *Raum* also formen welche Bürger auf der Grundlage der Rechtsgleichheit eine Demokratie? Und wo ist der Raum der benachbarten Demokratie, in dem andere Bürger auf der Basis von Rechtsgleichheit eine andere Demokratie formen? Und wie sind diese Räume miteinander verbunden? Wie viele nebeneinanderliegende und miteinander verbundene demokratische Räume von Demokratie kann oder sollte es auf der Welt geben? Oder: Wie stellen wir überhaupt sicher, dass sich die ganze Welt zu *einem* – wie auch immer unterteilten – demokratischen Raum entwickelt, denn die Welt ist ja weit von einem solchen Zustand entfernt. Und durch alle Demokratien, die nationalstaatlich eingehegt sind, laufen un*begrenzte* Handelsströme und Pipelines und Roaming-Ströme, und es ist alles globalisiert.

Das ist eine Denkaufgabe, und ich habe keine Antworten darauf. Aber die Frage so zu stellen oder zumindest zu sagen, dass das vielleicht die wichtigste analytische und konzeptionelle Fragestellung ist, wenn wir uns einem Transformationsprozess von Demokratie annehmen wollen, finde ich ganz wichtig. Denn dann müssen wir tatsächlich über Räume sprechen und darüber, wer dazugehört und wer nicht. Vor diesem Hintergrund ist wichtig: Mein persönlicher Denkraum ist tatsächlich Europa, allein schon, weil Europa dieselbe kulturelle Grundierung hat. Dieser Denkraum ist aber nicht die EU, das möchte ich ganz klar sagen.

Ich habe mich in der Bankenkrise um 2010 wiederholt gegen die Deutungshoheit dieser Krise *»faule Griechen, reiche Deutsche«* usw. gewehrt. Das war natürlich ein abenteuerlich falscher Diskurs, denn die Banken, nicht die Griechen waren schuld. Im Grunde wurde eine Bankenkrise zu einer Euro-Krise umgedeutet. Ich hatte damals über zwei Jahre lang einen Blog über die »Deutsche Hegemonie in Europa«, gegen die ich mich lautstark gewehrt habe, und ich habe letztlich schon damals aufgrund kritischer Einlassungen meinen Job verloren beziehungsweise mir wurde gekündigt. Der Auslöser war tatsächlich ein Beitrag in der *FAZ* im März 2013, »Warum Europa eine Republik werden muss«. In der *FAZ* auf der Seite gegenüber war ein Artikel von Bernd Lucke, in dem das Gegenteil stand, nämlich, warum Deutschland aus dem Euro rausmuss. Ich hatte sozusagen das Gegenargument: nicht raus aus dem Euro, sondern rein in die Europäische

Republik. Ich finde, dass man das durchaus kontrovers diskutieren muss. Aber danach sollte ich meinen Vorgesetzten in London unterschreiben, dass ich alle meine Artikel oder Beiträge in Zeitungen in Zukunft genehmigen lassen müsse. Das habe ich abgelehnt.

Zurück zur Republik beziehungsweise Europäischen Republik. Mit dieser Begriffssetzung ging es mir zentral darum, dass der Raum für die rechtliche Gleichheit, von dem ich eben gesprochen habe, jetzt in Europa gesucht werden müsste. Denn Republik heißt letztlich nichts anderes als die Unterwerfung aller unter gleiches Recht, jenseits von Herkunft und Identität. Wir, die wir als Deutsche rechtsgleich sind, sind die Bundes*republik,* die Franzosen sind die *République* Française, die Italiener La *Repubblica* Italiana, die Polen die *Rzeczpospolita* usw. *Republik* ist also der Staatsname für den Raum einer bestimmten Demokratie, in der Rechtsgleichheit herrscht.

2013 also habe ich die Erfahrung, wie man mit kritischen oder auch nur kreativen Stimmen umgeht, eigentlich schon einmal gemacht. Wehe, man fängt wirklich an, *ohne Geländer zu denken,* wie Hannah Arendt das nannte (dann schlägt das Empire zurück…). Dabei war die Europäische Republik eigentlich noch als Utopie sublimierte oder kaschierte Kritik an der EU. Jedenfalls habe ich damals gedacht, wir können doch nicht den Traum eines immer engeren Europas in der Form verraten, dass wir auf einmal von »Schweinen« sprechen – PIGS hieß es ja damals, also Portugal, Italien, Griechenland und Spanien. Ich fand das einfach unmöglich, und falsch war es dazu auch. Auch das ist ein gutes Beispiel, wie sehr wir alle von Narrativen der Leitmedien abhängen, denn auch damals hat kaum jemand in Deutschland dagegengesprochen.

Es war damals sehr schwer zu sagen, dass nicht die Griechen, sondern die Banken an der Krise schuld waren, aber wenn eine Deutungshoheit von Eliten, die daran Interesse haben, durchgesetzt werden soll, dann setzen interessierte Kreise dafür sehr viele Mittel ein. Der Rest ist leitmediale Selbstgleichschaltung, wie wir es bei Corona deutlich gesehen haben. Immer ist Empörung oder sind Emotionen im Spiel, die die rationalen Argumente überlagern. Bei der Bankenkrise beziehungsweise den »faulen Griechen« war es Nationalstolz, jenes untilgbare Gefühl der Deutschen, dass wir immer irgendwie besser sind oder besser sein wollen als andere, »Exportweltmeister« zum Beispiel. Und wenn eine ganze Nation sich dann in so einen Diskurs-Rausch begibt (»keine Transferunion« war so ein Begriff), dann ist es sehr schwer, rational dagegen zu argumentieren. Es war schwierig, darauf hinzuweisen, dass eher das deutsche Lohndumping innerhalb der EU oder der deutsche Handelsüberschuss in China an den ökonomischen Verwerfungen während der Eurokrise schuld waren als die Griechen und die Bankenkrise nicht durch eine zu hohe griechische Mineralölsteuer ausgelöst wurde.

Diese Debatte über die deutsche Hegemonie in Europa hat nur damals keinen interessiert, insofern hat damals auch niemand mein »Ausscheren« bemerkt. Corona hingegen hat alle betroffen. Für mich persönlich gibt es hier aber einen Zusammenhang. Genauso wie ich damals die Story der

»faulen Griechen« nicht geglaubt habe, wurde ich jetzt bei der Erzählung des »Killervirus« stutzig.

Die Bankenkrise, über die man vielleicht emotionsloser sprechen kann als über Corona, ist eigentlich ein gutes Beispiel dafür, wie wenige einflussreiche Leute mit asymmetrischem Zugang zu Leitmedien eine sogenannte Diskurskoalition begründen können, um dann die Deutungshoheit einer Krise durchzusetzen, die in ihrem Interesse liegt. Frei nach Marx: *Das herrschende Wissen ist das Wissen der Herrschenden.* Was in den Zeitungen steht, ist eben oft das, was erzählt werden soll, um andere Dinge zu verschleiern. Oder auch der Spruch von Kurt Tucholsky: *Wenn du Zeitung liest, weißt du, was in der Zeitung steht, aber nicht, was in der Welt passiert.*

Insofern finde ich es höchst problematisch, dass in der Corona-Krise so viel von Medienkompetenz geredet und diese daran festgemacht wurde, das *richtige* Medium, also die klassischen überregionalen Zeitungen zu lesen, die während Corona so eine Art Zertifikat oder Label für die *richtige* Berichterstattung hatten, was dann auch noch sogenannte »Fakten-Checker« kontrolliert haben, während im Internet die alternativen Medien vermeintlich immer nur *Fake News* verbreitet haben. Man müsste die Medienkompetenz oder Medienerziehung bei Kindern vielmehr auf die Kritik an Inhalten abstellen und nicht nur formal daran orientieren, ob sie das vermeintlich *richtige* Medium lesen. Der Bauhaus-Satz wurde verdreht in: *Function follows Form.* Es geht nur noch um die richtige »Form«, also um das vermeintlich »richtige« Medium, nicht mehr um Inhalte. Dabei wissen wir heute, dass die alternativen Medien in fast allen Fragen der Corona-

Berichterstattung richtiglagen, während der leitmediale Raum meistens unkritisch und einseitig berichtet hat. Insofern waren die alternativen Medien die eigentlich investigativen Medien und die Leitmedien über die ganze Corona-Krise hinweg eine Art Hofberichterstattung. Auch das muss irgendwann aufgearbeitet werden, denn wenn wir über »Demokratie im Treibsand« reden, dann gehören kritische Medien als vierte Gewalt unbedingt zu einer funktionierenden Demokratie.

Matthias Burchardt: Kann ich den systematischen Punkt zu Europa und der Republik vom Anfang noch einmal aufgreifen? Für die Corona-Maßnahmen-kritische Szene ist das eine interessante Diskussion, da sie zwar kulturell pro-europäisch, aber zugleich auch EU-kritisch ist, weil man in der EU, wie sie sich aktuell darstellt, ein »Globalisten-Projekt« sieht. Es gibt aber bei aller Skepsis keine redlichere Konzeption eines demokratischen Europas als die, die von Ulrike Guérot vorgetragen wird. Und wenn Europa so aussehen würde, wie du es konzipierst, hätte ich einen ganz anderen Eindruck als den, den ich aktuell von der EU habe. Ich selbst habe tatsächlich ganz andere Vorstellungen, aber ich finde die, die du vorträgst, absolut integer und politisch konsistent, weil die ethischen Maßstäbe, die wir anlegen, bei dir realisiert sind.

Ulrike Guérot: Deswegen ist es, zurück zu den Plagiatsvorwürfen, wahrscheinlich nicht zufällig, dass man in dem zweiten *FAZ*-Artikel über das Republikbuch hergefallen ist, denn über den Plagiatsvorwurf torpediert man ja auch die Idee als Ganzes. Da sind wir wieder bei der Form: Wegen kleinerer Fehler ist plötzlich das ganze Buch beziehungsweise die Idee der Europäischen Republik »pfui« oder verpönt. Das wiederum wäre politisch nicht ganz trivial.

MATTHIAS BURCHARDT: Ich versuche jetzt trotzdem noch einmal eine Voraussetzung zu klären, die erforderlich ist, egal in welchem Rahmen. Du hast nach der Verortung der Macht gefragt, und ich würde das Subsidiaritätsprinzip vorschlagen, und das ist auch dein Gedanke. Wir bauen das Gemeinwesen von unten auf, und jede einzelne dieser Sphären (Kommune, Bundesland, Staat) muss demokratisch, rechtsstaatlich gestaltet sein. Es darf da keine Ausnahme geben. Was wir allerdings erleben, ist, dass wir zwar einen Rechtsrahmen haben und dass wir Demokratie haben, die aber den Geist und die Seele von dem, was erforderlich wäre – also Minderheitenschutz, Gemeinwohlorientierung, Debattenkultur, Bürgertugenden usf. –, längst verspielt oder schlichtweg geschändet haben. Das heißt, wenn wir basisdemokratisch abgestimmt hätten in den schlimmsten Corona-Tagen und eine bloße Majorität als demokratisch betrachtet hätten, dann hätten wir sicherlich härtere Maßnahmen gehabt, als wir sie momentan erleben. Es ist nämlich auch gelungen, den Rechtsstaat selbst unter Aufrechterhaltung der Verfahren und der geltenden Normen so zu pervertieren, dass diese Normen de facto und vom Geist her verstorben sind: Fassadendemokratie.

Das ist eine ganz üble Geschichte, die sich manifestiert hat. Das hat gestern ein Jurist in Hamburg sehr schön dargestellt: Die Grundrechte sind eigentlich Abwehrrechte des Einzelnen gegen die Übergriffigkeit des Staates. Das ist das

Entscheidende. Was aber der Staat gemacht hat, ist, dass er sich selbst als Träger dieser Grundrechte definiert hat, sie in unserem Namen wahrnimmt und nach Gutsherrenart als Privilegien zuweist oder bei Fehlverhalten entzieht, wenn nicht sogar gegen uns wendet. Das Grundrecht der Gesundheit wird vom Staat jetzt als Einwand gegen alle anderen Grundrechte missbraucht, und weil wir zu doof sind, von unseren Grundrechten »richtig« – also unterwürfig – Gebrauch zu machen, regelt der Staat das »fürsorglich« für uns alle. Damit zerstört er aber den Geist eines Rechtsstaates schlechthin, denn er beraubt uns genau dieser letzten Abwehrmöglichkeit.

Noch ein anderer Punkt, der mir sehr wichtig ist, sind Verwischungen, die stattgefunden haben. Das heißt, das Recht ist das Papier nicht wert, auf dem es steht, wenn es nicht belebt ist mit einer Befähigung und Bereitschaft, dieses Recht auch mit Geist zu füllen. Die Demokratie als Verfahren der bloßen Mehrheitsdominanz ist eine zynische Variante, wenn 51 Prozent der Bevölkerung entscheiden, dass man 49 Prozent aufessen soll. Das wäre demokratisch legitimiert, aber es ist unabhängig von Wertvorstellungen und unabhängig von einem Begriff von Politik.

Ich weiß, ich habe die Frage hier schon einmal gestellt: Ist es in einer Demokratie gestattet, in Sachfragen eine abweichende Position zu vertreten? Ja. Wir nennen es Meinungsfreiheit. Es ist sogar erwünscht, weil es dazu beiträgt, dass die Entscheidungen differenzierter, pluralistischer und vielleicht besser ausfallen, als wenn man nur Einzelne hört. Das andere Problem ist aber: Ist es in einer Gesellschaft gestattet, abweichende Meinungen zu vertreten? Im Freundeskreis? Das haben wir alles gemerkt. Ja, man kann das alles machen, aber man verliert dann Freunde, man wird sanktioniert, man verliert seinen Beruf und muss den Ausschluss aus der Gesellschaft befürchten.

Wir haben hier sozusagen Unterspülungen der Institutionen des Gemeinwesens, nicht nur durch Kapitalflüsse, globalisierte Wirtschaft und Machtinteressen – da darf man nicht nur einen Faktor nehmen, sondern die muss man miteinander verschränken –, sondern wir haben auch eine Besiedelung unseres Denkens durch bestimmte Programme, die wir auch gerne angenommen haben, denn sich seines eigenen Verstandes zu bedienen bedeutet, Faulheit und Feigheit zu überwinden, um dieses Souveränitätsrecht überhaupt auszuüben. Demokratie ist eine unglaublich anstrengende Staatsform, weil ich nicht nur motzen darf: *Der Diktator war doof,* sondern ich bekomme die Regierung, die ich verdiene, und die politische Wirklichkeit muss von mir beurteilt und gestaltet werden.

Insofern sind durch Lobbyismus und Ideologiemarketing die Voraussetzungen für Politik schlechthin erschüttert worden, und ich würde sogar sagen, dass wir uns weitgehend in unpolitischen Verhältnissen bewegen. Das, was Politik ist, hat etwas mit Macht zu tun. Aber Politik – das kommt aus der griechischen Polis: die Stadt, der Staat – wird belebt von ihren Bürgerinnen und Bürgern, den *Citoyens,* die zum Träger des Gemeinwesens werden und ihre Positionen in einem rechtlichen Rahmen zum Ausdruck bringen, der die Voraussetzung für Lebensgestaltung im öffentlichen Raum ist. Voraussetzung für Demokratie, Rechtsstaat und Politik ist die Revitalisierung von Bürgerschaftlichkeit, von Diskussionskultur, von der Befähigung zur Sachlichkeit und Wertbeurteilung, und das zu ermöglichen ist eine Bildungsaufgabe. Wenn wir sagen, wir stecken im Treibsand der Diskurse, sind das Diskurse – wie Klimadiskurs, Genderdiskurs und so weiter –, die als eine Art Flankierung für Herrschaftsinteressen genutzt werden, ohne der politischen Kontroverse zugeführt werden zu können.

Ulrike Guérot: Mehrheitsentscheidungen allein sind noch keine Demokratie, wenn es keinen Minderheitenschutz gibt.

Matthias Burchardt: Ich weiß es. Ich will das nur als Karikatur sagen.

Ulrike Guérot: Es ist mir nur wichtig, immer wieder darauf hinzuweisen, dass »die Mehrheit der Straße« noch keine Demokratie ist. Schon bei Aristoteles steht die Demokratie kurz vor der Tyrannei, und zwar genau deswegen, wenn dann Demokratie gleichsam mit dem Willen der Plebs gleichgesetzt wird. Deswegen sind zum Beispiel Rechtsstaatlichkeit, Minderheitenschutz, Gewaltenteilung, unabhängige Gerichtsbarkeit und freie Presse unabdingliche Elemente einer Demokratie. Wenn es das nicht gibt, nützt die größte und beste Mehrheit nichts. Ich finde, das muss betont werden, denn bei Corona war ja genau das das Problem, dass immer wieder gesagt wurde: 90 Prozent der Leute sind doch dafür, und wenn die Mehrheit das will, muss es doch richtig sein und dann ist es demokratisch und deswegen darf man nicht dagegen sein. Nein: Die Corona-Maßnahmen waren undemokratisch, unparlamentarisch (oder nur formal-parlamentarisch), die Gewaltenteilung wurde aufgekündigt, Minderheitenschutz gab es nicht, und die Presse war einseitig.

Nach Aristoteles ist die Gefahr der Demokratie nämlich genau diese »Mehrheit der Straße«, die einfach kippen und dann sehr dumme Dinge machen kann, zum Beispiel Lynchjustiz über Sokrates zu verhängen. Das Todesurteil gegen Sokrates – vermeintlich wegen Missachtung der Götter und schlechtem Einfluss auf die Jugend – war ja als ein eindeutig ideologisches Urteil sicher nicht rechtmäßig. Und wie nahe wir dem heute in unseren hochgradig dialogisierten Diskursen schon gekommen sind, müssten wir als Gesellschaft einmal diskutieren, denn wir leben ja auch in einer Zeit, in der man gleichsam an »postmoderne Götter« glauben muss; oder man hat es schwer.

Zurück zu *Function follows Form*. Schon Hannah Arendt sagte, dass es im Grunde problematisch ist, den Begriff der Demokratie vorwiegend an Wahlen festzumachen, denn letztlich sind Wahlen ja auch nur eine Form. Sie wies darauf hin, dass auch in der DDR gewählt wurde und es immer große Mehrheiten gab. Und genau das ist heute unser normatives Problem, wenn es zum Beispiel um Orbán, Erdoğan, die PiS in Polen oder Putin geht, die alle mit großen Mehrheiten gewählt wurden. Wem das nicht gefällt, der spricht dann von »illiberalen Demokraten«. Da sagt aber schon der Begriff, dass diese Personen oder Parteien vielleicht illiberal sind, aber trotzdem Demokraten. Und dann wird es normativ schon schwierig, denn wenn es eine Mehrheit gibt, die nicht liberal sein will, dann wäre das trotzdem demokratisch. Dann will diese Mehrheit eben konservativ oder sozial sein oder was auch immer. Insofern geht es um die *Verknüpfung* von demokratisch und liberal, die offensichtlich heute nicht mehr gelingt.

Es gibt Demokratien – zum Beispiel Polen oder Ungarn –, die in unserem Sinne nicht liberal sind; gleichzeitig gibt es Institutionen, die sind zwar liberal, aber nicht unbedingt demokratisch, etwa die EU in ihren aktuellen Strukturen. Dazu hat der Demokratieforscher Yasha Mounk aus Harvard ein kluges Buch geschrieben.[11] Die Frage ist also, wie wir *demokratisch* und *liberal* wieder zusammenbekommen. Vor allem aber, wie man das Soziale und das Liberale wieder zusammenbekommt. Der heutige Populismus scheint daraus zu resultieren, dass man vielerorts Liberalismus, vor allem in der Wirtschaftspolitik, gegen demokratische Mehrheiten durchsetzt, die sich in vielen Ländern (von Frankreich bis Polen) gegen diesen Liberalismus – der oft über europäische Gesetzgebungen kommt – wehren. Überhaupt mag ich den Begriff Populismus nicht in seiner pejorativen Verwendung, so wie es heute im öffentlichen Diskurs der Fall ist.

Bei der Organisation eines Gemeinwesens geht es immer nur um den »Populus«, um was denn sonst? Die alten Griechen wussten das noch. Auch im Französischen, wenn ich das noch kurz anführen darf, hört man es noch besser, wenn es um die *Classes populaires* geht, die sogenannten »einfachen

---

11 Yasha Mounk, *The People versus Democracy. Why Our Freedom Is in Danger and How to Save It,* Harvard University Press, 2018

Leute«, um die sich im 19. Jahrhundert die aufkommende Sozialdemokratie gekümmert hat. Diesen Leuten unter anderem durch Bildung Teilhabe am Gemeinwesen zu geben, darum ging es damals, und so sind die *Volks*theater, *Volks*-schulen, *Volks*bibliotheken oder auch Stadien etc. entstanden. In Frankreich spricht man heute noch vom *Valse populaire,* also vom Volkswalzer, der zur Ziehharmonika um die Dorflinde herumgetanzt wurde und teilweise auch noch wird. Das ist natürlich etwas anderes als der Opernball. Die Grenze zwischen *populär* und *populistisch* ist also eine fließende, im Französischen hört man das noch. So diffamierend, wie der Begriff Populismus heute vor allem in Deutschland gebraucht wird, wäre gleichsam jede Werbung populistisch, wenn sie populär ist. Aber dann wäre auch jeder Liberalismus antidemokratisch und jede Form von Popularität antiliberal.

Doch zurück zur Analyse. Über die sozialen Ursprünge des populistischen Ressentiments in der Bevölkerung in ganz Europa habe ich eben schon gesprochen und Walter Benjamin zitiert. Frank Schirrmacher, der verstorbene Herausgeber der *FAZ,* hatte mitten in der Bankenkrise 2012 einen Artikel mit dem Titel: *Was, wenn die Linke recht hat?* Dieser Artikel hat diesen Punkt auf den Kopf getroffen. Wenn Europa, so die These, links abgebogen wäre (zum Beispiel mit einer europäischen Arbeitslosenversicherung anstatt mit Sparpolitik und Austerität), dann hätte man wahrscheinlich das Anschwellen des europäischen Populismus in der letzten Dekade dämpfen können.

Insofern ist es eben problematisch, dass der Begriff der Demokratie stark auf die Form abzielt und normativ nicht gesättigt ist – wie zum Beispiel der der Republik, *Res Publica,* bei dem eine Gemeinwohlordnung ja schon mitschwingt. Leider wurde der Begriff der Republik inzwischen auch vielfach missbraucht und damit politisch verbrannt.

Schauen wir auf die Bemühungen der sogenannten *Democracy Promotion,* was ja eine groß angelegte amerikanische Agenda war: Alle Länder sollten freie und demokratische Wahlen durchführen. Der Australier John Keane hat das in seinem Buch *Death and Life of Democracy*[12] gut beschrieben, zum Beispiel für Afghanistan. In Afghanistan wurde nach der amerikanischen Intervention unter Präsident Karzai gewählt, und deswegen wurde deklariert, Afghanistan sei jetzt eine Demokratie, sozusagen im westlichen Sinn. Das war ja das Ziel der *Democracy Promotion.* De facto aber, das kann man bei Keane nachlesen, funktionierte die »Wahl« so, dass analphabetisierte Frauen oder auch Männer an der Wahlurne ankamen, ein Stempelkissen bekamen, ihnen mit einem Foto von Karzai vor der Nase herumgewedelt wurde und sie dann gezeigt bekamen, wie sie ihren Fingerabdruck unter dem Foto von Karzai machen. Keane bezweifelt, dass diese Frauen gewusst haben, was sie taten. So viel zum Wahlakt als demokratischer Form. Natürlich sind Wahlen wichtig und nützlich, das möchte ich hier nicht bestreiten. Aber ob sie das einzige oder wichtigste Kriterium für ein funktionierendes demokratisches Staatswesen sind, das sollte man

---

12 John Keane, *Life and Death of Democracy,* Norton 2009

diskutieren. Und das wird ja auch diskutiert, zum Beispiel in dem Buch *Gegen Wahlen* von David Van Reybrouck,[13] der vor einigen Jahren die Idee von Losverfahren statt Wahlen ins Spiel gebracht hat. Eine Idee, die zum Beispiel der linke französische Präsidentschaftskandidat Jean-Luc Mélenchon bei der Präsidentschaftswahl im Mai 2022 in seinem Wahlprogramm aufgegriffen hat oder auch Sahra Wagenknecht in ihrem Buch *Die Selbstgerechten*[14]. Ich denke, über derartige Konzepte muss mit Blick auf die künftige Ausgestaltung der Demokratie im 21. Jahrhundert zunehmend nachgedacht werden.

Was ich aber eigentlich ansprechen wollte, wenn ich darauf abziele, dass die Form allein eben nicht reicht, ist der fehlende *Geist.* Es geht nicht nur um die Form, denn Dinge, Formen oder Strukturen versprühen doch einen gewissen Geist. Geist oder Esprit ist ein sehr europäischer Begriff: etwas muss geistreich sein, damit es gut ist, nicht nur formvollendet. Geist ist meines Erachtens das Stichwort. Warum? Bei polarisierten Debatten fehlt doch zwischen zwei Polen ganz offenbar das Dritte, das verbindet. Der berühmte Spruch *tertium non datur – Ein Drittes ist nicht gegeben* – ist ein Kernsatz der europäischen *Geistes*geschichte (da ist er wieder, der Geist!). Dieser Geist wiederum existiert gleichsam in göttlicher und in profaner oder materialistischer Form. In göttlicher Form ist es der Heilige Geist, der Himmel und Erde verbindet, für

---

13 David Van Reybrouck, *Gegen Wahlen. Warum Abstimmungen nicht demokratisch sind,* Wallstein 2016

14 Sahra Wagenknecht, *Die Selbstgerechten,* Campus 2022

die, die gläubig sind. Eher materialistisch gesprochen ist es Hegels Weltgeist, der ganz ohne Gott für eine Art Führung des Weltgeschehens verantwortlich zeitigt und dabei die Synthese, also die Verbindung von These und Antithese, als zugleich verbindendes und damit fortschrittliches Element der Weltgeschichte ausmacht. In jedem Fall ist der Geist *das Dritte.*

Jetzt ist die Frage, was das für die Zeit heißt, in der wir leben und in der wir unsere Demokratie zunehmend im Internet verhandeln. Die Medienwissenschaftler sagen: *The medium is the message,* also das Medium produziert, gestaltet oder konturiert die Nachricht. Das Internet aber ist im Wesentlichen ein Algorithmus, und zwar ein Algorithmus, der mathematisch auf 0 = 1 Varianzen aufbaut. Man könnte daher formulieren, das Medium des Internets treibt über den Algorithmus die Polarisierung der Debatte voran.

Wir merken alle, dass wir in Filterblasen sortiert werden, die einen hier, die anderen dort, beide völlig selbstreferenziell. In der Corona-Debatte war das sehr deutlich. Aber es hat schon vor Corona stattgefunden. In der Bankenkrise war es die Transferunion, in der Flüchtlingskrise »Refugees Welcome«. Man musste immer für oder gegen etwas sein, und es wurde immer schwieriger, gegen die dominante Meinung zu sein, weil auch diese Debatten moralisch überhöht wurden, in die eine oder andere Richtung. Über die nationale Inbrunst, mit der über »faule Griechen« gesprochen wurde, habe ich schon geredet; wer gegen »Refugees Welcome« war oder nur Fragen stellte, war schnell »Rassist«.

Insofern könnte man sagen, unseren Debatten fehlen zunehmend die Zwischenräume, die Grauzonen, die Differenzierung, aber eben auch das Verbindende, das *Tertium Comparationis* – oder eben der Geist. Es muss prinzipiell möglich sein, zum Beispiel *für* Asyl oder Flüchtlinge zu sein und *trotzdem* die Geschehnisse von 2015 zu kritisieren. Genauso wie es möglich sein muss, den Staat Israel oder Netanjahu zu kritisieren, ohne gleich Antisemit zu sein, oder die Euro-Governance zu beanstanden, ohne »gegen Europa« zu sein. Oder eben die Maßnahmen zu kritisieren, ohne »Corona-Leugner« zu sein usw. Thomas Bauer hat dieses Phänomen die »Vereindeutigung der Welt«[15] genannt, das finde ich sehr passend.

Matthias Burchardt: Das Vermittelnde, das Medium, in dem sich die Eins und die Null begegnen.

Ulrike Guérot: Es fehlt offensichtlich die Mitte, und das sehen wir in allen Diskussionen. Überall. Und wenn wir dann über Demokratie reden, dann stellt sich vor dem Hintergrund dieser Beobachtung – *the medium is the message,* und dieses Medium, also das Internet, polarisiert – natürlich auch die Frage: Wem gehört das Internet, wer finanziert es?

Denn zum großen Teil finanzieren sich die sozialen Medien und überhaupt die Internetforen und Plattformen oder Influencer über Werbung. Sie sind also privat, und darum

---

15 Thomas Bauer, *Die Vereindeutigung der Welt. Über den Verlust an Mehrdeutigkeit und Vielfalt,* Reclam 2018

immer orientiert an den Vorlieben des Publikums und der Eigentümer, also der Plattformbesitzer. Werbeträger müssen auf Klickzahlen achten, nicht auf Qualität oder Seriosität von Nachrichten oder Artikeln. Um Nachrichten und Berichterstattung gerade nicht von Werbung abhängig zu machen, hat man nach dem Zweiten Weltkrieg in allen europäischen Demokratien den öffentlich-rechtlichen Rundfunk begründet, egal ob BBC oder Radio France oder SFR oder ARD und ZDF, um eine unabhängige Berichterstattung zu sichern. Das hat lange funktioniert, wurde dann aber unterspült. Die Privatisierung begann ja schon zu Beginn der 1980er-Jahre, zum Beispiel mit SAT.1, und seitdem geht es auch in den öffentlichen Sendern zunehmend nur noch um Quote. Kritische Formate sind damit schwierig geworden, weil sie einfach nicht beliebt, sondern unbequem sind. Qualitätssendungen wie etwa das »Auslandsjournal« haben seit Langem ihre Sendezeiten nicht mehr zur Primetime, sondern nach Mitternacht. Dann muss man sich nicht wundern, wenn niemand mehr etwas über die Ukraine oder den Maidan weiß.

Unter anderem deswegen gibt es seit Längerem interessante Vorschläge, dass das Internet eigentlich eine öffentlich-rechtliche Struktur bekommen müsste, wenn es eben das zentrale Medium der Zukunft sein soll und damit der mediale Ort für die Organisation der Demokratie.

Matthias Burchardt: Ich möchte noch zwei Aspekte nennen. Natürlich ist das Internet ein ökonomisches Projekt, das wiederum von sehr wenigen betrieben wird, die tatsächlich ihre Lokalisierung eher im Silicon Valley haben. Es sind ein paar große Unternehmen, und in seiner Geburtsstunde war es erst einmal eine militärische Infrastruktur. Die Kybernetik als Wissenschaft, der Gedanke des informationellen Steuerns auf der Basis von Daten ist von Norbert Wiener, einem sehr redlichen Wissenschaftler, betrieben worden, der im Rahmen des Zweiten Weltkrieges die Engländer bei der Bekämpfung der Nazi-Flugzeuge unterstützt hat. Und zwar mit einer Flugabwehrkanone, die gewissermaßen das informationstechnische Modell ist, das in vielen unserer Computer heute vital ist. Das heißt, wir haben hier eine militärische Herkunft, die wir uns als demokratisches Gemeinwesen erst einmal aneignen müssen. Wir müssen es der Überwachungsökonomie entziehen, und wir müssen es zu einem Medium des Friedens machen.

Der klare Ort der Demokratie oder zumindest des Politischen im antiken Griechenland war die Agora, der Platz, an dem sich die Leute trafen. Es waren wenige, und es durften auch nicht alle hin. Ich bin weit davon entfernt, das zu idealisieren. Die Rolle der Frauen und der Sklaven ist für mich nicht das Modell. Die Frage ist, ob man das problemfrei ins digitale Medium übersetzen kann oder ob wir dann nicht letztendlich sagen müssen, wir brauchen nahräumige Möglichkeiten der persönlichen Begegnung. Wir alle wissen, wie anstrengend Zoom-Konferenzen sind, wir wissen, dass das Medium selbst auch Akzente setzt, die wir gar nicht mehr steuern können, sondern uns selber in Verfahrensabhängigkeiten bringen, die uns kontrollieren. Das Internet bietet sich an als das große Dritte, und zugleich ist es auch das Spaltende. Und deshalb mache ich einmal einen anderen Vorschlag für das große Dritte: der Mensch. Als *Conditio humana,* als etwas, was uns verbindet, als die Perspektive, die größer ist als das, was uns trennt durch Religion, Kultur, Geschlecht und alle weiteren Grenzen, wäre das für mich eine Möglichkeit, aus der Perspektive der Menschlichkeit zu sprechen.

Daniele Ganser spricht von der Menschheitsfamilie. Ich finde, das ist ein sehr schöner Begriff, weil er poetisch ist und auch Variablen zulässt. Es sehen nicht alle gleich aus in einer Familie, da gibt es halt diesen Strang und jenen Strang, und trotzdem überlappt sich das Menschsein in etwas, was den Ausgangspunkt des Politischen bildet, aber auch der Zielpunkt des Politischen sein soll. Ich glaube, dass sich der Mensch mitunter ein bisschen verloren gegangen ist. Wir haben transhumanistische Tendenzen, sozusagen die »Anähnlichung« an die Maschine. Das sind menschenfeindliche Tendenzen. Auch die medizinische Entwicklung der letzten beiden Jahre hat den Schutz der vulnerablen Gruppen vorgeblich zum Ausgangspunkt genommen, hat aber letztendlich sehr viel Schaden angerichtet. Anthropologie wäre die Frage. Wenn wir den Menschen in den Mittelpunkt stellten und zu einem Maßstab und Ausgangspunkt der Politik machten, wäre das nicht ein mögliches Drittes?

ULRIKE GUÉROT: Corona war in der Tat eine Art anthropologische Bewährungsprobe angesichts einer transhumanistischen Agenda und eines Szientifismus, der durch die Corona-Maßnahmen praktiziert wurde. Gesundheit war auf einmal Impfung, menschliches Verhalten wurde schematisch simuliert, zur Solidarität wurde genötigt, Angst wurde über

Lebendigkeit gestellt, teilweise grausame, weil entwürdigende Maßnahmen wurden verklärt, Wissenschaft de facto pervertiert usw. Man könnte lange darüber nachdenken und sich fragen, wie es passieren konnte, dass basische menschliche Impulse und Reflexe – nämlich unter Menschen zusammen zu sein, Leben zu teilen, lebendig zu sein – durch Lockdowns de facto einem Virus geopfert wurden. Mir schien es auch so zu sein, dass wir uns schlichtweg von einer menschlichen Intuition entfernt haben und Überleben, also das vegetative Leben, über Lebendigkeit gestellt haben. Und das entspricht eigentlich nicht der europäischen Geistesgeschichte – hier ist er wieder, der *Geist* –, wenn man Juvenal zitiert: »So betrachte es als die größte Torheit, das nackte Leben über diejenigen Dinge zu stellen, für die es sich zu leben lohnt.« Denn wenn das Virus wirklich so gefährlich gewesen wäre, hätten wir es alle selber bemerkt, wir hätten uns von selbst in unseren Häusern verbarrikadiert und niemand wäre freiwillig auf die Straße gegangen. So war es aber nicht.

Damit stellt sich die Frage: Was machen wir als Menschheit, wenn wir unserer Intuition nicht mehr vertrauen? Oder wo sind wir als Menschheit eigentlich hingeraten, wenn wir uns so weit von unserer Intuition entfernt haben, dass wir sie als Richtschnur für individuelles oder gar gesellschaftliches Verhalten gar nicht mehr benutzen können? Dann wären wir tatsächlich darauf angewiesen, dass jemand unseren Kopf mit Informationen füttert, darauf angewiesen, die Welt ausschließlich kognitiv oder »statistisch« zu verstehen – *follow the science* –, und dann genau ist die wichtigste Frage: Wer füttert eigentlich mit welchen Informationen täglich unseren

Kopf? Und sind es noch Informationen oder ist es schon Propaganda?

Schon Niklas Luhmann wusste, dass eine Statistik nicht im eigentlichen Sinne »wissenschaftlich« oder »objektiv« ist, sondern zunächst nur ein selbst geschaffener Wirklichkeitsraum, der dann interpretiert wird. Alle Ideologien oder Religionen – ob Christentum oder Sozialismus – wussten stets: Das Wichtigste ist es, in die Köpfe der Menschen zu kommen, vor allem in die Köpfe der heranwachsenden Generation. Und das ist bei Corona mit Blick auf die braven Kinder und Jugendlichen ja scheinbar perfekt gelungen. Die de facto am meisten in ihren Lebensentwürfen geschädigten Altersgruppen waren zugleich – zum Beispiel mit Blick auf die Studenten – diejenigen Gruppen, die sich perfekt in vorauseilendem Gehorsam geübt haben, anstatt lautstark zu protestieren.

Jedenfalls hat uns die gesamtgesellschaftliche Reaktion auf Corona gezeigt, wie weit weg wir vor allem als »Westler« (in Afrika zum Beispiel war es ja anders) und vermeintlich zivilisierte Kulturen vom eigentlichen Leben sind, weg von Lebensfreude, von unserer Lebendigkeit oder auch einfach von einem gesunden Lebensvertrauen. Kein Instinkt mehr, keine eigene Beurteilung der Lage, kein eigenes Fühlen mehr, nur noch abergläubische Reaktionen auf eine fast penetrante Berieselung mit Zahlen, wie gefährlich dieses Virus ist. Und zugleich Ausdruck der kolossalen Lebensangst einer konsumgesättigten Gesellschaft, die es offenbar verlernt hatte, mit dem Tod als Lebensrealität oder mit der eigenen Endlichkeit in Relation zu sein. Ebenso Ausdruck einer Schutzbedürftigkeit, die auf den Staat projiziert wurde (»Der Staat muss schützen und Leben retten« – muss er das wirklich?), und dazu noch, fast sträflich für mündige Bürger, die Übertragung des eigenen Lebensrisikos auf andere. Dass Enkel für das Überleben ihrer Großeltern verantwortlich gemacht wurden, ist nur noch pervers zu nennen und gehört eindeutig zu den anthropologischen Tiefpunkten des Corona-Geschehens, ein Verrat der Menschlichkeit schlechthin.

Fast niemand, so kam es mit vor, hat in diesem Zahlenregen sein eigenes Umfeld beobachtet, also die abstrakte Realität mit der konkreten, direkten Gefahr abgeglichen. Denn das hätte ja geheißen, sich auf seine eigene Beobachtung, sein Gefühl, seine eigene Urteilsfähigkeit zu verlassen. Offensichtlich sind wir also eine Gesellschaft ohne eigene Urteilsfähigkeit geworden und damit alle abhängig – beziehungsweise verführbar – durch das, was leitmedial erzählt wird. Dabei hätte man schon ein Gespür dafür haben können, das einfach nur sagt: *Das stimmt doch einfach nicht…* Wenn, wie bei der Cholera in Paris um 1870, rund ein Drittel der Bevölkerung stirbt, dann merkt das jeder in seinem Umfeld. Davon aber waren wir weit entfernt. Ich habe viele Leute, die eisern für die Maßnahmen waren, gefragt: »Wenn kennst du denn persönlich, der gestorben ist?« Meistens kam dann die Antwort: »Keinen. Aber der Bekannte von einem Freund, der…« Es war ein bisschen wie bei Peter und der Wolf.

Hannah Arendt sagt, Totalitarismus beginnt dann, wenn es gelingt, die Schnur zwischen Kopf und Bauch durchzuschneiden, wenn man sozusagen nicht mehr auf sein Gefühl hört, sondern nur noch glaubt, was erzählt wird. Das hieße, dass zu Beginn der Corona-Krise rund 80 bis 90 Prozent der Deutschen, die damalige Mehrheit, keine Selbstwirksamkeit beziehungsweise keine Rückkopplung mit ihren eigenen Gefühlen, ihrem eigenen Erleben hatten. Was das für eine Gesellschaft heißt, müsste man diskutieren, denn sie ist dann eben höchst anfällig für Erzählungen allerart.

Als noch gewagtere These könnte man – fast feministisch – formulieren, dass das ganze technokratische, simulierte Maßnahmengeschehen auch ein Generalangriff auf die Weiblichkeit war, denn Intuition und Gefühl sind natürlich weiblich besetzte Features. Ganz im Sinne von »Männer sind vom Mars, Frauen von der Venus« hatte das Krisenmanagement für mich etwas originär Männliches, da man Männern oft nachsagt, dass sie kein so großes Körperempfinden oder eben Zugang zu ihren eigenen Gefühlen haben. Es gibt ja das großartige Buch *Thinking, Fast and Slow*[16], das im Grunde sagt, dass wir eigentlich nur über Erfahrung lernen. Wir wissen also kognitiv, dass wir nur über Erfahrung lernen, sind aber gleichzeitig zu verkopft, um das als Erkenntnis zuzulassen, geschweige denn als Leitmotiv für das gesellschaftliche Miteinander anzuwenden. Es ist wie eine sperrige Blockade. Über Erfahrung zu lernen, das zählt irgendwie nicht, dafür gibt es keine Noten oder Diplome. Wir *wissen* also, dass wir nur über Erfahrungen lernen, aber genau diese Erfahrungen wollen wir in der demokratischen Gesellschaft vor lauter Prävention und Sicherheitsbegehren nicht mehr zulassen. Im Ergebnis hebeln wir die selbstregulativen Kräfte der Gesellschaft aus.

---

16 Daniel Kahneman, *Schnelles Denken, langsames Denken*, Penguin 2016

Anders formuliert: Wir klammern die emotionale Intelligenz oder den Unterschied zwischen *Begreifen* und *Verstehen* gesellschaftlich aus.

Heute weiß die Neurologie, dass die ganze Verwissenschaftlichung, Mathematisierung, zahlenmäßige Erfassung und Vermessung des Lebens dazu geführt haben, dass die beiden Gehirnhälften, die kognitives und emotionales Wissen miteinander verknüpfen, tatsächlich nicht mehr symmetrisch arbeiten und Gefühl und Intuition – und damit die eigene Urteilskraft – sich gleichsam zurückbilden.

Man kann vieles verstehen und doch nichts begreifen. Be*greifen* hat ja etwas Haptisches, man braucht die Hände dafür, nicht den Kopf: Selbst wenn man kognitiv verstanden hat, dass die Herdplatte heiß ist, muss man sie doch anfassen, um es zu be*greif*en. Kurz: Eigentlich weiß man, dass man eher durch Erfahrung lernt und der Verstand nur dazu dient, dieses Erfahrungswissen zu analysieren, zu verarbeiten und zu memorisieren. In der Corona-Krise wurde dieses Wissen sträflich vernachlässigt, da durch die rigorose Maßnahmenpolitik praktisch keine eigenen Erfahrungswerte mit dem Virus gesammelt werden konnten.

MATTHIAS BURCHARDT *(in gespielter Empörung):* Achtung, Achtung, ist der Genderbeauftragte im Raum? Wir haben es hier mit geschlechterspezifischen Stereotypen zu tun. Es ist *Men-Shaming,* was ich hier feststellen muss. Ich möchte gerne noch den Menschenrechtsrat für Antidiskriminierung der UN anrufen.

Ulrike Guérot: Nun, ich weiß, das ist eine steile These, aber ich habe das tatsächlich 2020, kurz vor Corona, in Davos argumentiert, wo es um die Frage ging: *»Is technology the solution?«* So viel zu dem, was man macht, wenn man in Davos beim WEF ist: Ich jedenfalls habe kritisch auf einem natürlich sonst nur männlich besetzten Panel und in einem männlich dominierten Saal, organisiert von Euronews, argumentiert, dass Technologie natürlich nicht die Lösung ist – gegen die drei Männer auf dem Panel. Ich habe das schon in meinem Essay »Begräbnis der Aufklärung« von 2019 im dritten Teil ausgeführt.[17] Aber mal ganz kurz: Wenn ich in den 1960er-Jahren mit einem *Deux Chevaux,* so einem alten Citroen, in einen See gefahren wäre, zum Beispiel weil ich bekifft war, dann hätte ich das Fenster herunterkurbeln und herausschwimmen können. Wahrscheinlich hätte ich überlebt. Wenn ich mit einem hoch elektronischen BMW heute in den gleichen See falle und das Fenster ist zu, weil die Klimaanlage an ist, dann säuft die Elektronik ab – und ich bin mausetot. Das mal als Beispiel dafür: *Tech is a prison,* Technologie kann eben auch ein Gefängnis sein!

Schon Claude Lévy-Strauss bemerkte, dass neue Technologien zu 90 Prozent nur dazu dienen, die Schäden der Vorgängertechnologien zu neutralisieren. Bei Corona, finde ich, waren wir nahe dran, uns als Gesellschaft in die vermeintlich rettungsbringende Technologie einzusperren, zum Beispiel, weil das Überleben quasi von einer Spritze abhängig gemacht wurde. Und dieser Ansatz, nämlich dass Technologie immer

---

17 Ulrike Guérot, *Begräbnis der Aufklärung,* Picus 2019

die Lösung ist, das ist – so meine These – eben ein zutiefst männliches Empfinden, man könnte auch sagen: Gebärmutterneid. Die Männer müssen durch Technik-Phantasmen kompensieren, was sie an Lebensschaffendem in sich selbst nicht haben. Das Wissen um das Leben aber ist in der Menschheitsgeschichte immer weiblich besetzt. Eine Dosis Skepsis gegenüber Technologien, wie sie schon Günther Anders, der Mann von Hannah Arendt, in den 1940er-Jahren formuliert hat, wäre darum meines Erachtens für das 21. Jahrhundert wünschenswerter als das blinde Technologie-Vertrauen, das um sich greift. Wer braucht Autos auf dem Mars?

Insofern könnte man die transhumanistische Agenda als einen Angriff auf das Naturrecht bezeichnen, und innerhalb des Naturrechts als einen Angriff auf die Weiblichkeit, also auf das Wissen um Natur und Leben. Einen Angriff, der im Wesentlichen darauf zielt – und das ist wichtig –, uns das Fühlen systematisch abzugewöhnen. Intelligente Verpackungen mit »digitalen Ampeln«, die uns demnächst sagen, ob man einen Joghurt noch essen kann oder nicht, zielen zum Beispiel darauf, uns Fühlen, Riechen und Schmecken abzugewöhnen. Dabei kann jeder riechen oder schmecken, ob zum Beispiel Milch vergoren ist. Oder zum Beispiel weiß kaum noch jemand, wo er ist, wenn er nicht auf Google schaut. Das heißt, die Menschen können sich immer weniger selbst ver*orten*.

Ich mache manchmal so kleine Experimente. Zum Beispiel gehe ich in Wien über den Graben und frage irgendwelche Leute: »Können Sie mir sagen, wo wir gerade sind?«, und bemerke seit einiger Zeit, dass dann alle ihr Handy zücken.

Dabei müssten doch alle, die auf dem Graben entlanglaufen, eigentlich wissen, dass sie auf dem Graben sind – sei es, weil sie Touristen sind und deswegen unbedingt die Prachtstraße, also den Graben, sehen wollten; sei es, weil sie in Wien wohnen und die Straßennamen kennen. Das heißt, fundamentale Prinzipien der Selbst-Verortung sind offenbar heute schon außer Kraft gesetzt. Kurz: Wir könnten sicherlich anhand geknickter Grashalme keine Fährten mehr lesen wie noch Winnetou. Ich habe mal einen knappen Monat bei den Kogi-Indianern in Kolumbien gelebt. Die würden wohl nur noch den Kopf schütteln.

Für mich persönlich ist das eine anthropologische Entfremdung erster Güte. In Konsequenz müssten wir eigentlich diskutieren, was da passiert ist und ob es uns gutgetan hat. Stattdessen diskutieren wir nach Corona erst recht über die digitale Schule und treiben damit die Entfernung von unseren Gefühlswelten und unseren Gedankenwelten – wozu ja zum Beispiel auch Träume gehören, die ganz und gar unwissenschaftlich, aber eben notwendig sind – voran und gefährden damit unsere ureigene Urteilskraft. Während, und das ist ja wirklich pikant, Zuckerberg und Co. zur gleichen Zeit ihren Kindern, bis 14 Jahren zumindest, die Handys abnehmen und wieder auf analoge Schulen schicken, wo sie wieder mit Bleistift und Kreide schreiben und lesen lernen. Man könnte insofern die These formulieren, dass es ein Element der aktuellen Re-Feudalisierung ist, dass »die Masse«, wie Canetti sagen würde, digitalisiert und kontrolliert wird, während das Analoge, als höchster Ausdruck von Menschlichkeit, der globalen Elite vorbehalten bleibt, die aber an der Digitalisierung und Entmenschlichung der »Masse« glorreich verdient, also dadurch, dass uns buchstäblich das Fühlen genommen wird beziehungsweise wir es gezielt verlernen sollen.

Ich persönlich mache ja viel Yoga, eine immerhin 5000 Jahre alte Asana-Praxis, die heutzutage aber auch schon als »Schwurbeln« verpönt ist. In den *Teachings of Buddha* heißt es zum Beispiel: »Don't believe in anything you haven't experienced yourself.« Denn alles, was ich nicht selbst erfahren habe, kann mir nur erzählt werden, ich muss es also *glauben* oder *vertrauen*. Dann sind wir wieder bei Sokrates, der ja seine Schüler, die immer mit stolzgeschwellter Brust das vorgetragen haben, was sie gelernt hatten und mithin zu wissen glaubten, nur gefragt hat: »Ist das so? Ist das so? Ist das so?« Insofern wäre mein Wunsch, dass wir jetzt alle irgendwie mal anfangen, kleine Sokratesse zu werden *(lacht)*, und immer, wenn uns etwas erzählt wird, erst einmal fragen: *Ist das so?*

Das meiste, was ich jetzt hier gesagt habe, steht ja schon in meinem Buch, und es hat mich wirklich gewundert, welche völlig trivialen Passagen oder Wörter mir um die Ohren gehauen wurden, zum Beispiel die Benutzung des Wortes *WIR*. Das sei ja »faschistoid« – während es offenbar nicht »faschistoid« ist, millionenschwere Werbekampagnen zu machen mit einem »*Wir*-sind-jetzt-solidarisch-und-lassen-uns-impfen«. Im Grunde geht es um nichts anderes als um mehr Gefühl und Herzensbildung, anstatt immer nur auf eine bestimmte Bildung oder formale Ausbildung abzustellen. Vielleicht sollten wir den antiquierten Begriff der Herzensbildung wieder gesellschaftlich nach vorne bringen.

Matthias Burchardt: Und Männer? Haben die auch Gefühle?

Ulrike Guérot *(lacht):* Es soll vorkommen. Vielleicht sollte ich dazu sagen, dass ich diesen Slogan von »AWM« (alte weiße Männer) nie gemocht habe. Im Gegenteil, es gibt tolle alte Männer. Und ich sage gerne dazu: Im Allgemeinen liebe ich Männer *(lacht).* Ich habe viele ältere, über 70-jährige in meinem Bekanntenkreis, das sind oft die besten Männer, gefühlsecht, vernünftig und klug.

Matthias Burchardt: Ich habe noch ein paar Jahre Zeit, das Alter zu erreichen. Aber mal im Ernst: Ist es notwendig, diese Entwicklung mit einer Geschlechtssignatur zu versehen, oder ist es nicht eine antihumanistische Agenda? Denn das, was du gerade als spezifisch weiblich beschrieben hast, das gilt ehrlich gesagt auch für Männer.

Ulrike Guérot: Natürlich, klar! Ich wollte nur noch eine kleine »feministische Spitze« drauftun; man sagt mir ja immer nach, ich provoziere, dann darf ich es ja auch mal machen.

Matthias Burchardt: Du hast ja keine soziologische Perspektive von Geschlecht, denn das ist tatsächlich abhängig von Geschichte, Mode, Politik und Ideologie, sondern eine anthropologische Perspektive: Männer und Frauen sind verschieden, und das ist im hohen Maße erregend, aber sie sind trotzdem im Menschsein gleich. Die Art und Weise, wie sich die Gefühle und das Begreifen in den Geschlechterperspektiven brechen, die sind tatsächlich verschieden, aber dass wir Gefühle haben, dass wir über das Begreifen an die Wirklichkeit herankommen, das ist das allgemein Menschliche. Insofern ist es tatsächlich ein wichtiges Thema: Wie darf Weiblichkeit sein, wie wird sie politisch überformt und wie wird sie ausgebeutet.

Das Interessante, auch der Mann ist ja gewissermaßen in die Schnittfelder der Diskurse geraten und in gewisser Weise im hohen Maße auch in seiner Männlichkeit zerstört worden. Und ob wir durch das Aufheben dieser Differenz wirklich einen Gewinn haben oder nicht etwa eine stärkende Differenz verlieren, auch als Widerstreit der Position, und ob das nicht auch ein produktiver Faktor in Richtung Kultur und Politik sein könnte, das würde ich gerne noch einmal diskutieren, ohne das gegeneinander auszuspielen.

Ulrike Guérot: Ich habe die These des Transhumanismus als eher »männlicher Agenda« nur vorgebracht, weil es ja stimmt, dass dieser »transhumanistische Komplex« – nennen wir ihn jetzt einmal so – also KI, Robotics, Digitalisierungsagenda, etc., was auch immer – eher männlich besetzt ist, ähnlich übrigens wie die Finanzbranche. Es sind vorwiegend Männer, die dort arbeiten. Wie viele Frauen machen Algorithmen? Wie viele arbeiten in der IT-Branche? Nicht so viele. Darum sind es auch Systeme, die auf männlichen Gefühlswelten aufbauen. Die wenigsten Frauen brauchen eine Alexa, die ihnen den Kühlschrank füllt, oder einen Roboter, der Gymnastik machen kann. Auch das könnte man de facto erotisch überhöhen: Männer machen die Systeme, Frauen *bedienen* die Benutzeroberflächen und *wischen* oder *streichen.* Genau wie man früher den Schreibtisch-Computer mit einer Maus bedient hat, die obendrauf ein kleines Rädchen hatte, an dem man drehen konnte, und die, so könnte man sagen, einer Klitoris nachempfunden war, während Computerspiele wiederum mit einem *Joy-Stick* funktionieren. Dazu gibt es interessante feministische Theorien.

Matthias Burchardt: So habe ich das noch nie gesehen.

Ulrike Guérot *(lachend):* Siehst du, worauf man alles achten kann? Wichtig ist aber die Frage: Wozu brauchen wir diese Technologien, in die so viele Forschungsmittel fließen? Das selbstfahrende Auto zum Beispiel erweist sich derzeit offensichtlich als totaler Flop, obgleich Milliarden in die Entwicklung geflossen sind. Wer nicht selber fahren will, weil er seine E-Mails machen möchte, der kann ja den Zug nehmen. Wer aber Auto fahren möchte, der möchte ein Fahrerlebnis, und dieses Erlebnis ist immer auch erotisch oder sensuell konnotiert, nicht umsonst gibt es einen Steuer*knüppel.*

Insofern ist es doch legitim zu fragen, in welche Innovationen die Milliarden von öffentlichen Forschungsgeldern fließen und wer diese KI eigentlich will oder braucht. Noch besser: was sie eigentlich *ist,* außer ein Programm zur gezielten Verdummung der Menschheit oder zum Entzug von Gefühlen? Und könnte man das Geld nicht anderweitig und besser verwenden? Schließlich hat die Welt viele reale Probleme, aber mit einem selbstfahrenden Auto ist kein einziges gesellschaftlich relevantes Problem gelöst – weder das Umweltproblem noch die Mobilitätsreduktion noch die Parkplatznöte in Städten.

Ich fände es gut, öffentlich zu diskutieren, dass der Glaube, *technology is the solution,* wahrscheinlich eine Freiheitseinschränkung bedeutet. Wenn Alexa den Kühlschrank sondiert und bei einer leeren Milchtüte automatisch per Mail eine neue bei einem Lieferservice ordert, dann habe ich ja keine Möglichkeit mehr, die nächste Woche Kefir oder Hafermilch zu trinken oder zu fasten. Das heißt: ich vergebe mir Spontanität und Wahlmöglichkeit, also genau das, was das Menschsein eigentlich ausmacht. *Technology* ist dann ein *Lock-in*-Instrument, die einen letztlich genau in das Leben einschließt, das man hat, und jede andere Option unmöglich macht. Das wäre genau die Umkehrung von Adornos berühmtem Spruch »Weil das, was ist, sich ändern kann, ist das, was ist, nicht alles«. Sondern dann wäre das, was ist, alles, und das wäre doch schrecklich!

Insofern geht es nicht nur um Gefühle, sondern um Freiheit, genauer: darum, seine Gefühle ausleben zu können, denn genau das *ist* Freiheit. Dieser Zusammenhang erscheint mir immanent.

Matthias Burchardt: Du hast jetzt die soziologische Dominanz der Männer in der IT-Branche besonders hervorgehoben. Aber ist der Gender-Konflikt mit Blick auf den Transhumanismus, den du vermutest oder beschreibst, wirklich das Wichtigste?

Ulrike Guérot: Mmh, ja und nein. Aber man könnte vielleicht formulieren – auch eine steile These, klar! –, dass die transhumanistische Agenda eine Agenda zur Wiederherstellung des Patriarchats unter neuen technologischen Bedingungen ist. Weil die emanzipierte Frau dem Mann nicht mehr den Kühlschrank vollmacht, braucht er Alexa als unterwürfige, weibliche KI.

Matthias Burchardt: Das kann man soziologisch so beschreiben, aber das verharmlost die antihumanistische Agenda dieser ganzen Sache, von der Männer genauso betroffen sind wie Frauen.

Ulrike Guérot: Absolut. Da bin ich dabei.

Matthias Burchardt: Ansonsten hätte ich ja permanent eine Erektion, wenn ich mir das Handy in die Tasche stecke. Das passiert nicht. Ich war selten so impotent, seit ich mit diesem Kram etwas zu tun habe. Das ist im Grunde eine Neutralisierung einer zwischenmenschlich-realen Erlebnissphäre und des großen Fluidums der geschlechtlichen Differenz durch die Sublimation der virtuellen Repräsentation und der Ökonomisierbarkeit. Jede Form von Pornografisierung und Sex-Shopisierung von Sexualität transformiert ja etwas, was eigentlich Lebensquelle ist, zu einem Geschäftsfeld. Wenn man einmal diese ganzen antinatalistischen Geschichten betrachtet, also die Fragen von Bevölkerungsreduktion durch Ein-Kind-Politik und alle diese Aspekte, glaube ich eher, dass es bei dieser digitalen Agenda um eine generelle

Lebensfeindlichkeit geht, die nicht geschlechterspezifisch ist. Aber das Leben zeigt sich eben im weiblichen Prinzip, da bin ich auf deiner Seite.

Wir sprechen über Mondlandung, KIs und Chinesische Mauer. Und als meine Frau bei uns zu Hause unser Kind zur Welt gebracht hat, da war ich so klein und habe geweint vor Anerkennung dieses unglaublichen Schöpfungsaktes, zu dem ich niemals in der Lage sein werde. Das ist weibliche Power. Oder auch durch die Liebe einer Speisenzubereitung das Glück für eine Gemeinschaft herzustellen in einer kunstvollen Weise, ist nicht nur Domestikation, sondern das ist Ausdruck der Stiftung von gesellschaftlicher oder gemeinschaftlicher Wirklichkeit. Alle diese Elemente des Weiblichen wurden bekämpft. Da bin ich völlig dabei, aber es gibt auch Momente der Männlichkeit, die weggefallen sind.

Wollen wir aber jetzt, weil die Zeit gegen Ende geht, ein bisschen noch in die politische Perspektive zurückgehen?

ULRIKE GUÉROT: Einen Satz noch.

MATTHIAS BURCHARDT: Sehr gerne. Sag den einen Satz, aber dann will ich noch eine Frage stellen.

ULRIKE GUÉROT: Nur weil du von den bekämpften Elementen der Weiblichkeit sprachst. Es erinnert mich noch einmal an die Kogi-Indianerinnen in Kolumbien, bei denen ich 2014 fast einen Monat war. Die haben, das ist mir damals bewusst geworden, ein klares Verständnis ihrer Weiblichkeit, auf die sie stolz sind. Es gab einen Frauengarten, da wuchsen zum

Beispiel Pflanzen für Menstruationsbeschwerden, dazwischen standen getöpferte Gefäße, die mit Menstruationsblut bemalt waren. Kein Mann durfte diesen Garten betreten. Ich habe versucht, mit diesen Indianerinnen über Gleichberechtigung zu diskutieren, die haben das Anliegen gar nicht verstanden. Es war völlig klar, dass sie *ungleich* der Männer, aber völlig *gleichwertig* sind. Das stand gar nicht zur Debatte. Um zu kochen, mussten die Männer Steine in einem Feuer erhitzen und dann in ein Erdloch tun, in dem das Gemüse gegart wurde, während die Frauen das Gemüse schnibbelten. Gleichwertig ist eben nicht gleich. Keine hätte tauschen wollen im Sinne einer Gleichberechtigung. Es gab große Achtung beziehungsweise gegenseitige Wertschätzung der jeweiligen Rollen und keinerlei Geringschätzung, Ausnutzung oder Minderwertigkeit der Frauen. Trotz klarer Rollen schienen mir die Indianer nicht patriarchalisch organisiert. Ich habe mich damals gefragt, warum wir das in westlichen Gesellschaften nicht so hinkriegen.

Matthias Burchardt: Ich bin jemand, der gegen jede Form von Repression revoltiert. In dem Moment, wo sich ein Ökodiskurs entwickelt, behaupte ich, ich hätte ein großes Dieselfahrzeug, was ich volltanke, und sobald Männlichkeit diffamiert wird, lasse ich den Sexisten heraushängen, der ich gar nicht bin. Die Frage ist, wenn wir nicht zueinanderfinden unter Anerkennung der Differenz der Wirklichkeit, aber auch der Gemeinsamkeit in Hinblick auf das politische Ziel der Gleichwertigkeit und auch Gleichberechtigung – finde ich ganz wichtig –, werden wir dieses politische Thema, was ansteht, nämlich, dass wir alle zu Verlierern werden, während wir uns über so etwas zanken, nicht aus der Welt bringen.

Lass uns ein bisschen in die Zukunft gucken. Mein Gefühl ist, dass die Beschreibungen der ersten Corona-Tage in den Kategorien, wie was passiert, gelaufen sind. Aber wir sind jetzt in so einer komischen Übergangszeit und ehrlich gesagt, wir wissen nicht, was im Herbst auf uns zukommt. Wir haben das Gefühl, dass die Themen wechseln, die Strukturen sich ähneln, dass bestimmte Sachen im Hintergrund stattfinden, die durch unsere politischen Repräsentanten gar nicht beantwortet werden. Man hat das Gefühl, dass da irgendwie zwar Darsteller von politischen Ämtern da sind, aber keine Inspiration, wie wir eigentlich leben wollen. Die machen auf mich den Eindruck der Orientierungslosigkeit des Getriebenseins. Zugleich stellt sich das große Gefühl ein, dass das Leben, wie wir es kennen, verloren gehen wird – was auch viel Positives hat, dass Dinge, die uns auf den Keks gegangen sind, nicht mehr lange dauern werden –, andererseits auch Dinge, die uns etwas bedeutet haben, möglicherweise mit in diesen Strudel, in diesen Treibsand hineingerissen werden.

Was wären deine Prognosen? Wie wird der Herbst? Wie geht es weiter? Und wie können wir uns darauf einstellen, um dem eine Richtung zu geben, damit all das, was wir alle für bewahrenswert halten, bewahrt wird, und was wir als verwirklichungswert bisher unverwirklicht feststellen, auch in Zukunft möglich sein wird? Hast du irgendeine Ahnung, irgendeine Intuition, was auf uns zukommt? Ich fürchte, die fangen wieder an mit Impfen, dann haben sie »O bis O« im Köcher, von Oktober bis Ostern sollen wir wieder Masken tragen. Ich fürchte, dass der Gesundheitsminister immer wieder etwas Neues entdeckt, wovor er uns warnen kann.

Ulrike Guérot: Tja, wenn ich das wüsste. *(lacht)* Die ersten Romane sind ja schon geschrieben, die im Grunde – wie Romane es eben tun – antizipieren, dass man um 2080 die Welt völlig gespalten hat. Zum einen in die, die die transhumanistische Agenda mitmachen, die sich sozusagen in die Matrix verabschieden, mit 3D-Brillen herumlaufen und in einer fiktiven Wirklichkeit, die also im Metaverse quasi aseptisch leben, natürlich alle sechsfach geimpft, hauptsächlich in den Städten, in klimatisierten Häusern und quasi ohne Berührung mit der Natur, außer den Salaten, die mit Infrarotlicht in Hochhäusern gezüchtet werden. Dazu passen moderne politikwissenschaftliche Theorien, die davon ausgehen, dass das Wohnen in der Stadt und die entsprechenden Bürgerrechte demnächst kapitalisiert werden, dass man sich also in eine Stadt einkaufen muss, die Stadt dann wie eine Firma organisiert wird, an der man Shareholder-Value hat.

Diejenigen, die kein Geld haben, sich in eine Stadt einzukaufen, oder die Ausgestoßenen, die Nicht-Geimpften oder Nicht-Digitalisierten, sind dann das postmoderne Gesindel und wohnen ohne Bürgerrechte vor den Stadttoren. Das war im Mittelalter auch schon einmal so. Sie wohnen dann aber nicht in einer Natur, wie wir sie heute noch als »Landliebe« romantisieren – also ein Landhaus mit Kamin, Holzscheiten und Johannisbeeren im Garten –, sondern in einer verödeten und bestenfalls auf die nutritive Versorgung der Städte ausgerichteten Naturwüste aus agrarischen Nutzflächen. Das sind so ein paar Projektionen.

Was wir wissen, ist, dass die Landflucht enorm war. Viele sind während Corona aufs Land oder zumindest in kleinere Städte gezogen. In Paris zum Beispiel war das ganz deutlich, weil man auf dem Land in der Abgeschiedenheit die Maßnahmen, also Lockdown und Maskentragen, eher umgehen konnte. Landflucht scheint also wieder ein Thema für die, die sich von einem natürlichen Leben nicht ganz verabschieden wollen.

Die Fragestellung ist ja noch immer für viele: Hört dieser krisengesteuerte Umbau der Gesellschaft, also vor allem die biopolitische Agenda und die Digitalisierung, noch einmal auf, und wenn ja, wann und wodurch? Wie wäre er zu stoppen? Hätte man dafür ohne die Corona-Hysterie parlamentarische Mehrheiten organisieren können? Und wenn ja, gibt es überhaupt die Chance auf ein Zurück in die Demokratie oder die Gesellschaft, wie wir sie vor Corona kannten? Natürlich nicht! Es gibt kein Zurück, weder im privaten noch im öffentlichen Leben. Und könnten die, die einen Teil dieser Agenda nicht mitmachen wollen, weil sie den Transhumanismus anthropologisch beanstandenswert finden, gleichsam einen Teil der Gesellschaft ausgründen? Also neue *No-vax, no-digital Schools* gründen? Oder neue Universitäten, an denen die freie Rede und Denken noch erlaubt sind und gefördert werden? Wenn ja, in welchem Rechtssystem oder auch mit welchem Geld könnten sich solche Ausgründungen vollziehen?

So etwa wie im Spätmittelalter, auch eine sterbende Epoche, in der die damaligen Systeme gekippt sind beziehungsweise unbeweglich wurden, weswegen es all die Klosterneugründungen gab. Durch das neue Studium der alten Texte, dem Abschreiben bei Aristoteles oder Augustinus, entstand dann die Scholastik; alte Ideen wurden reaktiviert. Die Scholastik entwickelte sich über 300 Jahre hinweg. Sie zählt noch zum Hochmittelalter, war anfangs innovativ und hat erst am Ende ihrer Existenz jene Starrheit angenommen, die noch heute mit ihr assoziiert wird. Dann kam die Renaissance. Durch Universitätsneugründungen wurden also alle Systeme, darunter das Wissenschaftssystem, gleichsam *rebootet*.

Niemand, der intelligent ist, hat Lust, seine Zeit oder Energie auf sterbende Systeme zu verwenden. Und wenn Systeme sterben, dann kann man das riechen. Daher kommt ja der Spruch »Die Ratten verlassen das sinkende Schiff«, eben weil Ratten hochintelligente Tiere sind, die zuerst merken, wenn etwas untergeht. Und dann gibt es Neugründungen, dann werden neue Systeme erfunden, dann geht man woandershin.

Insofern ist tatsächlich die Frage: Wäre es wirklich vorstellbar, dass wir eine Spaltung der Gesellschaft erleben werden und komplette Parallelwelten bauen? Das gesellschaftliche Tischtuch scheint mir doch leider schon sehr gerissen. Wir haben einen Teil der Gesellschaft, eine substanzielle Pluralität von circa 20–30 Prozent, also rund 25 Millionen Menschen in Deutschland, die davon ausgehen, dass die Corona-Erzählung eine grandiose Lügenerzählung zum Zwecke des Umbaus der Gesellschaft war. Und eine Mehrheitsgesellschaft, die nach wie vor in dem Glauben ist, dass es ein großes Killervirus gab und dass alles, was getan wurde, richtig und wichtig und alternativlos war. Es ist meines Erachtens nicht ausgemacht, ob die augenblickliche Polarisierung und Spaltung der Gesellschaft hier noch einmal überwunden werden kann, ob es eine Versöhnung der beiden Lager geben kann. Denn für eine Gesellschaft ist es immanent wichtig, *Wirklichkeit zu teilen!* Sonst kann man ja nicht demokratisch verhandeln, wie diese Wirklichkeit politisch ausgestaltet werden soll. *Welt-teilen,* wie Hannah Arendt sagen würde, ist gleichsam die Voraussetzung für Politik und Politikinteresse, denn sonst ist man nicht zusammen in derselben Welt.

Was, wenn das nicht mehr gelingt, weil die Rückschau auf die Corona-Jahre eine nicht mehr *geteilte* Wahrnehmung beziehungsweise Wirklichkeit ist? Wenn der eine Teil der Gesellschaft eine Entschuldigung verlangt für die Ausgrenzung, zum Beispiel die der Nicht-Geimpften? Oder einen Regress? Zum Beispiel diejenigen, die ihre Jobs, Künstlerkarrieren oder Geschäfte verloren haben? Oder die Impfopfer eine Entschädigung? Oder die Stigmatisierten und Diffamierten, die sogenannten »Querdenker« – wie ja auch ich –, eine Rehabilitierung erhoffen? Und die anderen, die Mehrheitsgesellschaft, das aber alles nicht will, weil sie kein Problem hat und kein politisches Verschulden sieht? Es zeigt sich ja immer mehr, dass die Maßnahmen-Kritiker mit fast allem recht behalten haben: sei es mit Blick auf die Wirksamkeit des PCR-Tests, die nicht erzielte Herdenimmunität, oder die Gefahr von Impffolgen oder auch den Ursprung des Virus aus dem Labor. Die eigentliche Frage wird sein, ob das vernünftig aufgearbeitet wird, zum Beispiel in einem parlamentarischen Untersuchungsausschuss. Ob die ganzen Fehler jetzt aufgearbeitet und zugegeben werden können, das ist jetzt die große Frage, und es wird der Gesellschaft eine große Debatte abverlangen. Ich weiß nicht, ob die Mehrheit dafür bereit ist.

Matthias Burchardt: Und das wäre noch ein guter Verlauf.

Ulrike Guérot: Genau. Der andere Verlauf wäre, dass diese Aufarbeitung ausbleibt und keine Debatte stattfindet, die 25-prozentige Minderheit also mit ihrer Sicht auf die Wirklichkeit unterdrückt werden muss und an der Corona-Erzählung offiziell nicht gerüttelt werden darf, obgleich sich die Sichtweise der Kritiker heute allen verfügbaren Daten zufolge als richtig erwiesen hat und man das spätestens ab Sommer 2020 schon gewusst hat. Dann dürfte es notwendigerweise autoritär oder gar totalitär werden, wie immer, wenn ein Lügengebäude zementiert werden muss und die Wahrheit nicht ans Licht darf. Und dann dürften die technologischen Mittel, mit denen dieser Autoritarismus dann exekutiert wird, ausschlaggebend sein.

Letztens hat ein Informatiker zu mir gesagt: »Im Mittelalter gab es noch keinen Algorithmus.« Was er damit meinte, ist die Frage, wie lange eine dunkle Periode der Menschheit – die gab es ja immer wieder – dauert, bis die Freiheit wiederkommt. Der heutige Algorithmus produziert ja jene Medienmatrix, durch die jene Einengung der Diskurskorridore passiert, die wir beklagen, sodass kaum noch kritische Stimmen durchdringen.

Die Enigma war eine Krypto-Schreibmaschine, auf der nur ein paar Buchstaben vertauscht waren. Gegenüber der Rechenkapazität des Quantencomputers war das ein Kinderspielzeug. Die Frage ist also, wie lange es diesmal dauern könnte, bis wir da rauskommen, zumal ja alles vermeintlich freiwillig passiert, nur sublimiert gesteuert wird und die meisten es nicht einmal merken. Dann wäre tatsächlich die Frage, wie lange wir heute in der Mausefalle einer autoritären Schließung bleiben, bevor eine neue Renaissance entstehen kann. Und wie lange man sich an einem System abarbeitet, das gerade eine autoritäre Schließung vollzieht, bevor man aufgibt und die Füße stillhält aus lauter Ohnmachtsgefühl, das ist die andere Frage. Man wird einfach müde, sich an einem System abzuarbeiten, das aalglatte Oberflächen entwickelt hat, gegen die man nicht ankommt, und gegen Betonwände von geschlossenen Meinungsdecken anzurennen.

Matthias Burchardt: Lass mich das gerade einmal betonen. Dass du deinen Kopf raushältst und dir eine blutige Nase geholt hast, ist ja nicht eine Folge deines Geltungsbedürfnisses, denn das könntest du auf anderem Wege erfolgreicher befriedigen, sondern das ist eine Form, Verantwortung für das Gemeinwesen wahrzunehmen, indem du der Debatte Argumente zusteuerst, von denen du ausgehst, dass sie für alle zu etwas Gutem führen können. Und normalerweise sollte die Reaktion dann nicht eine öffentliche Hinrichtung von Ulrike Guérot sein, sondern eine große Anerkennung für ihren Mut und Dank dafür, dass sie verloren gegangene Aspekte wieder in die Debatte einsteuert. Das heißt, Gemeinsinn, Bürgersinn und all diese Aspekte haben immer auch tragende Elemente unserer Bewegung.

Ich weiß noch, dass wir hier schon einmal gesprochen haben, als es mit diesem Impf-Apartheid-Regime anfing. Da wurde immer gesagt, die Geimpften haben Angst vor den Ungeimpften und die Ungeimpften haben Angst *um* die Geimpften. Das heißt, unsere Sorge war immer über die Interessenlage hinaus auf etwas Größeres getragen. Wenn sich das in dieser Feindlichkeit manifestiert und die Grenzen schärfer gezogen werden, ist es vielleicht gar keine Frage des Wollens, sondern einfach eine Frage des schlichten Überlebens, sich dem zu entziehen.

ULRIKE GUÉROT: Ja, die Frage ist wohl, wie lange man sich aufreibt an einem System, das sich tendenziell autoritär gebiert.[18] Oder einfach andere Plattformen baut, auf denen neue Ideen und neues Denken entstehen können und gefördert werden, bis sie mehrheitsfähig werden. Verbunden mit der Frage, ob man noch auf vernünftige Diskussionen hoffen darf, zum Beispiel bei *Markus Lanz*.

---

18 Der Vorstoß von Innenministerin Nancy Faeser im Dezember 2022, eine Beweislastumkehr bei Entfernungen aus dem öffentlichen Dienst anzustreben, ist, einige Monate nach dieser Aufzeichnung, ein anschauliches Beispiel für aktuelle Tendenzen einer »autoritären Schließung« und der mehr oder weniger willkürlichen »Entfernung« kritischer Stimmen aus dem Beamtenapparat (Anm. d. Red.).

Matthias Burchardt: Du glaubst, er lädt dich noch mal ein?

Ulrike Guérot: Zumindest war das ein vages Versprechen von Markus Lanz nach der Sendung. Er lud, wie immer, seine Gäste nach der Sendung noch auf einen Umtrunk ein. Aber die Sendung wurde erst ab Mitternacht aufgezeichnet, da Frau Strack-Zimmermann noch eine namentliche Abstimmung im Bundestag hatte und erst viel später als geplant anreisen konnte. Es war also schon fast zwei Uhr nachts, als wir mit der Aufzeichnung fertig waren, und ich hatte um sechs Uhr morgens einen Zug von Hamburg zurück nach Bonn. Da habe ich gesagt, ich würde heute auf den Umtrunk verzichten, aber gerne im Herbst noch mal wiederkommen, und habe ein wenig kess dazu gesagt, dass sich in ein paar Monaten die Debatte um den Ukraine-Krieg in Richtung Verhandlungen und dem, was ich in der Sendung hätte vorbringen wollen, gedreht haben würde.[19] Also gibt es eine vage Zusage auf eine erneute Einladung, die mir der Redaktionsleiter ein paar Tage nach der Sendung auch noch einmal bestätigt hat. *Let's see …*

---

19 Nachdem – fast ein Jahr später – inzwischen klar ist, dass sich der Westen im April 2022 nicht auf Verhandlungen über Neutralität der Ukraine einlassen wollte und nachdem sowohl Angela Merkel als auch François Hollande zu Protokoll gegeben haben, dass man Putin mit dem Minsk-II-Abkommen getäuscht habe, ist die von Ulrike Guérot in der Lanz-Sendung vertretene These eines amerikanischen Stellvertreter-Krieges de facto erhärtet. Ebenso sind sich inzwischen fast alle Experten darin einig, dass der Krieg letztlich nur durch Verhandlungen beendet werden kann, vgl. z. B. https://www.emma.de/artikel/erich-vad-was-sind-die-kriegsziele-340045 (Anm. d. R.).

Bis dahin schaffe ich es hoffentlich, zu dem Ukraine-Thema und wie es mit Europa zusammenhängt, auch noch einen kleinen Essay zu schreiben. Europa ist schließlich mein Forschungsgebiet und Schwerpunktthema. Auch in dieser Sendung sollte es ja eigentlich schon um die Bedeutung dieses Krieges für Europa und seine Zukunft gehen. So war eigentlich die Abmachung und das Vorgespräch.

Wir sollten den Krieg in diesem Kontext diskutieren, denn 2024 sind ja wieder, auch wenn das derzeit niemanden interessiert, Europawahlen. Außerdem hat, ich erwähnte es, die von der EU-Kommission einberufene Konferenz zur Zukunft Europas ihre Ergebnisse vorgestellt. Und die Ukraine hat jetzt ein EU-Beitrittsversprechen. Das heißt, wir müssen alles zusammen anschauen und diskutieren: den Krieg und sein mögliches Ende durch Verhandlungen, die europäischen Pläne und Interessen in einem Friedensabkommen mit Russland, die notwendige Erweiterung der EU sowie ihre Vertiefung durch die Vorschläge der EU-Zukunftskonferenz. Wir brauchen jetzt dringend eine *Grand Strategy* für Europa, bevor Europa durch diesen Krieg zu sehr in die Selbstschädigung geht, sich vom östlichen Teil des Kontinents abschneidet, das politische Projekt Europa vollkommen in Vergessenheit gerät und bald niemand mehr weiß, wofür Europa steht und was es ist. Das alles wollte ich ja bei *Lanz* ausführen, wenn ich zu Wort gekommen wäre.

Ich finde sowieso, dass die Neuaufstellung Europas nach den beiden Kriegen, einem Krieg gegen ein Virus, *une guerre contre un virus*, wie Emmanuel Macron das genannt hat, sowie dem Krieg in und um die Ukraine, jetzt die überragende Frage dieses Kontinentes ist.

All mein Denken und Wirken in den letzten 30 Jahren war immer nur: Was ist die Zukunft Europas und wie soll ein demokratisches politisches Europa gestaltet werden? Wie wollen wir 2030 oder 2045 in Europa leben? Was wollen wir sein, wo wollen wir hin? In meinem Buch über die Europäische Republik von 2016 habe ich ja einfach mal geschrieben, dass 2045, also 100 Jahre nach Ende des Zweiten Weltkrieges, die Europäische Republik gegründet wird. Und Europa damit endlich seinen Vorsatz, die nationalen Grenzen zu überwinden und eine europäische, dezentrale und föderale Demokratie auf der Grundlage gleicher Bürgerrechte begründet, wahr macht. Denn das war ja schon die Idee des anti-faschistischen Manifestes von Ventotene von 1941. Es wird also langsam Zeit. *(lacht)*

Scherz beiseite, das war natürlich eine Utopie. Dennoch ist die Idee, ein politisch geeintes Europa mit all seiner wirtschaftlichen Macht, seiner innovativen technologischen Schlagkraft, seiner universalen Rechtsordnung, seinen exzellenten Universitäten, seiner Vielfalt und seinem Reichtum etc. könne in einer multipolaren Welt gleichsam zu einer Art Bollwerk gegen »Chimerika«, gegen die transhumanistische Agenda, *Social-scoring*-Systeme, gegen ungebremste Digitalisierung und die weitere Aushöhlung unserer Gesellschaften durch eine neoliberale Wirtschaftspolitik werden, doch eine verlockende, oder? Das alles verbinde ich persönlich mit Europäischer Republik. Und dafür lohnt es sich doch, sich anzustrengen, oder? Die Vorstellung, man könnte Europa kulturell, politisch, wirtschaftlich und strategisch gegen die transhumanistische Agenda und alle ihre Implikationen in Stellung bringen, finde ich persönlich ziemlich sexy; und würde Europa das machen, zum Beispiel zusammen mit Afrika oder – nach dem Krieg – auch zusammen mit Russland, dann wäre es vielleicht nicht einmal ganz aussichtslos?

MATTHIAS BURCHARDT: Ein Ponyritt. *(lacht)*

ULRIKE GUÉROT: Warten wir ab. Die Schneeschmelze des Corona-Narratives fängt doch schon an. Alle haben die Nase voll und an ein Killervirus glaubt praktisch niemand mehr. Mal sehen, ob das Narrativ den Sommer übersteht. Letztens in der Berliner S-Bahn sagte einer von drei Jugendlichen: »Nee, ich setze diese Maske einfach nicht mehr auf.« Das wär's doch schon, dass sich das herumspricht und keiner mehr mitmacht. Ich finde, wir sollten im Herbst auf ein bisschen zivilen Ungehorsam setzen und sagen, es reicht. Natürlich wird dann jeder gefordert sein, in der Schule, am Arbeitsplatz, unter Freunden. Einfach die Maßnahmen boykottieren, etwa wie Rosa Parks, jene Schwarze, die in den 1950er-Jahren in den USA in einem Bus einfach – wahrscheinlich war es gar nicht einfach, sondern ziemlich schwer und sehr mutig! – auf einem Platz für Weiße sitzen blieb. Und auf einmal ging eine ganze Freiheitsbewegung beziehungsweise Bürgerrechtsbewegung los. Von so etwas Ähnlichem träume ich.

Zum Abschluss würde ich noch gerne einen Satz sagen, nämlich genau den: Was uns am meisten fehlt, ist eine Idee am Horizont, eine Utopie, was wir tun, wenn Corona vorbei ist. Und ohne Idee geht gar nichts.

Denken wir an 1989. Was im November 1989 passiert ist, konnte letztlich nur passieren, weil wir eine *Idee* von der Wiedervereinigung hatten, noch bevor sie dann real passiert ist. Ideen machen Geschichte! Wo es keine Ideen gibt, kann auch nichts passieren. Wir hatten im Nachgang zur deutschen Wiedervereinigung 1989 zwei Ziele getreu dem Spruch, deutsche und europäische Einigung sind zwei Seiten der gleichen Medaille. Das hat Helmut Kohl immer so gesagt. Das eine war ein politisch geeintes Europa. Das wurde im Vertrag von Maastricht 1992 beschlossen. Und wir hatten ein zweites Ziel, nämlich eine kontinentale Friedensordnung mit Russland, nachdem im Wesentlichen Michael Gorbatschow nach der Perestroika-Politik der 1980er-Jahre den Deutschen die Mauer aufgemacht und ihnen die Wiedervereinigung ermöglicht hat. Diese zweite Idee hieß damals das *Europäische Haus von Lissabon bis Wladiwostok* und wurde als Idee einer kooperativen Sicherheitsarchitektur im November 1990 in der Charta von Paris beschlossen.

Der europäische *Deal* mit Russland hieß Demokratisierung gegen Modernisierung. Wir modernisieren und demokratisieren Russland, im Gegenzug bekommt Europa Rohstoffe, vor allem Gas. Das waren die beiden europäischen Großprojekte um 1989. Beide haben – ich kann jetzt wirklich nicht ins Detail gehen, darüber werde ich zum Herbst hoffentlich noch einen Essay schreiben – ungefähr funktioniert bis zu den Jahren 2002/2003/2004.

2002 kam der Euro, 2003 die europäische Verfassung, 2004 dann die EU-Osterweiterung. Euro und EU-Osterweiterung gelingen, die europäische Verfassung aber scheiterte dann am französischen *Nein* 2005. Ab dem Moment laufen Vertiefung und Erweiterung Europas, die in den 1990er-Jahren noch zusammengedacht wurden, auseinander. 2004 gibt es eine große Erweiterung Europas ohne institutionelle Vertiefung.

Gleichzeitig war der Euro zwar eine Chance für den wirtschaftlichen Aufschwung Europas, vor allem, weil er das Potenzial hatte, dem Dollar den Status der einzigen Reservewährung weltweit abzulaufen. Zugleich wurde der Euro ohne politische Union gemacht, also ohne eine föderale Finanzverfassung Europa, und das war fatal beziehungsweise ist es bis heute. Man könnte einiges dafür ins Felde führen, warum das Scheitern der europäischen Großprojekte – also politische Union Europa und kooperative Friedensordnung mit Russland – nicht nur, aber auch auf amerikanische Einmischung zurückzuführen ist. Genau das würde ich in meinem Essay, den ich schon im Kopf habe, ausführen.[20]

Das gemeinsame europäische Haus mit Russland – von Lissabon bis Wladiwostok – scheiterte unter anderem in der vorletzten und letzten Dekade deswegen, weil die Bush-Administration viele der Rüstungskontrollverträge mit Russland, die in den 1990er-Jahren abgeschlossen wurden, unilateral kündigte. Das heißt, als die Europäer ungefähr

20 Der Essay ist inzwischen erschienen: Ulrike Guérot, Hauke Ritz: *Endspiel Europa. Warum das politische Projekt Europa gescheitert ist und wie wir wieder davon träumen können,* Westend 2022

um die Jahrtausendwende, zunächst recht erfolgreich, den Euro einführen, eine Verfassung verabschieden und dann die EU-Osterweiterung stattfindet und als zeitgleich Putin 2001 im Bundestag mit *Standing Ovations* empfangen wird; kurz: als sich abzeichnet, dass Europa durchaus eine erfolgreiche politische Union werden könnte, dass der Euro den Dollar als Weltreserverwährung ablösen oder doch herausfordern könnte, und als Europa zeitgleich auch noch eine fruchtbare Kooperation mit Russland beginnt, im Rahmen derer Europa sich die russischen Rohstoffe zu seinem wirtschaftlichen Vorteil hätte erschließen können, haben die Amerikaner – um es salopp auszudrücken – im Grunde den Schalter umgestellt.

Der amerikanische Irak-Krieg hat sich nicht nur negativ auf den europäischen Verfassungsprozess ausgewirkt. Der Irak-Krieg hat Europa zudem in Ost- und Westeuropa gespalten, in *New Europe* und *Old Europe*. Ein politisch geeintes Europa, das sich auch noch mit Russland gut versteht, russisches Gas bekommt und eine neue Weltwährung hat, das konnte den USA nicht gefallen. Spätestens seit diesem Moment waren europäische und amerikanische Interessen nicht mehr kongruent mit Blick auf eine europäische Partnerschaft mit Russland, die die USA mehr oder weniger subtil unterminiert haben, während es Europa versäumt hat, sich zu emanzipieren. Das wollte ich eigentlich bei *Lanz* sagen und ich hoffe, dass ich noch einmal Gelegenheit haben werde, es zu sagen, denn es ist extrem wichtig.

Matthias Burchardt: Das wäre wirklich wichtig.

Ulrike Guérot: Ja. Es wäre tatsächlich mein Herzenswunsch, dass Europa sich seiner emanzipatorischen Agenda besinnt, denn eine Emanzipation Europas wäre die einzige Lösung, um in und für Europa eine souveräne Politik machen zu können, die nicht nur amerikanische Interessen bedient. Und die einzige Möglichkeit, damit Europa aus dem Zangengriff von »Chimerika« herauskommen kann.

Denn während im Westen die USA Europa gleichsam fest im Griff haben, zumindest geostrategisch und geoökonomisch, fräst sich China durch das »Seidenstraßen-Projekt« gleichsam vom Osten her immer tiefer in den europäischen Speckbauch hinein. Die Seidenstraße an sich ist nicht das Problem, nur, dass Europa nicht daran beteiligt ist. China baut schon jetzt die Zugtrasse von Belgrad nach Budapest, und man fragt sich, warum Europa das nicht selber kann. Demnächst bauen die Chinesen vielleicht noch die Zugtrasse von Budapest bis Stuttgart? Na ja, dann würde der Stuttgarter Tiefbahnhof vielleicht endlich mal fertig. *(lacht)* Von den Häfen – von Piräus über Triest bis nach Hamburg –, die schon in chinesischer Hand sind, ganz zu schweigen. Kurz: Wenn Europa sich nicht endlich emanzipiert, wird es zwischen den USA und China de facto filetiert. Für Europa wäre es intelligenter, sich zu fragen, wie die alte Zivilisation des Westens, also Europa, wieder mit der alten Zivilisation des Ostens in einen geistigen Austausch treten könnte. Schon Leibniz hatte diese Vision. Dadurch würde auch China angespornt werden, seine geistigen Tiefen wiederzuentdecken, anstatt, wie derzeit, der technologischen Konkurrenz mit den USA zu erliegen. Dafür bräuchte es neue, *geist*reiche Konzepte.

Der Ukraine-Krieg – auch das wollte ich bei *Lanz* sagen – ist also nur vordergründig ein russisch-ukrainischer Krieg, in erster Linie aber ein Stellvertreterkrieg der USA, der den USA in vielfacher Hinsicht strategisch und ökonomisch nützt, Europa aber schädigt. Die amerikanischen und die europäischen Interessen in diesem Krieg sind nicht kongruent. Bislang profitieren die Amerikaner, der Dollar steigt, und die USA verkaufen Europa jetzt teures und umweltschädliches Fracking-Gas. Zugleich wird die europäische Industrie, die für die USA ja auch ein Konkurrent ist, durch eine Vervielfachung der Energiepreise in Europa in gewisser Weise aus dem Rennen geworfen bzw. offensiv nach Amerika abgeworben. Dazu wird die NATO um Finnland, Schweden und vielleicht Österreich erweitert, und die USA haben das zweiprozentige Ziel für Militärausgaben gegenüber den meisten EU-Staaten durchgesetzt. Damit haben die USA eine Reihe von strategischen und ökonomischen Zielen erreicht.

Europa hingegen wird von seinen Handels- und Energieströmen im Osten abgeschnitten, der Euro verliert an Wert. Zudem findet der Krieg auf europäischem Territorium statt, und wenn es zu einer nuklearen Eskalation kommen sollte, ist Europa, nicht die USA, betroffen. Europa hat also eigentlich kein Interesse an diesem Krieg. Im Gegenteil: es geht massiv in die Selbstschädigung und sollte darum als politischer Akteur unbedingt und sofort für Friedensverhandlungen sein. Das zumindest konnte ich ja bei *Lanz* unterbringen. Stattdessen führen wir hier zu lange einen in meinen Augen fast pervertierten Diskurs darüber, dass Europa, das einstige Friedensprojekt, jetzt unbedingt durch Waffenlieferungen eine geeinte ukrainische Nation unterstützen müsse, die es in dieser Form in der ukrainischen Geschichte nie gegeben hat. Das ist in meinen Augen nur noch abstrus und zeigt eine ungeheuerliche manipulative Medienmacht.

Das heißt, Europa müsste ganz klar sehen, vor allem aber öffentlich thematisieren und darüber diskutieren, dass es in diesem Krieg *Verlierer* ist: strategisch, wirtschaftlich, sozial und politisch. Europa, vor allem Deutschland, hat jetzt Probleme, seine Gasspeicher vollzubekommen. Es muss bei anderen autoritären Staaten Energierohstoffe, also Öl oder Gas, kaufen, was nur noch heuchlerisch ist, während das Gas aus Russland abgedreht wird. Strom und Gas werden vor allem in Deutschland teurer, der Mittelstand ist gefährdet, eine soziale Krise im Herbst lugt am Horizont, die Bevölkerung ist unruhig, die Inflation steigt täglich.

Und in dieser Situation sind wir in Deutschland, in fast ganz Europa, nicht in der Lage, in unseren öffentlich-rechtlichen Medien öffentlich zu thematisieren, dass amerikanische und europäische Interessen in diesem Krieg nicht kongruent sind? Das bereitet mir große Sorge! Und ich möchte deutlich sagen: Ich bin überhaupt nicht anti-amerikanisch. Ich habe dort studiert und gearbeitet, ich habe Amerika persönlich viel zu verdanken, ich habe in Washington und New York gelebt. Ich liebe zwar nicht alle, aber doch viele Facetten Amerikas und die Mehrheit der Amerikaner sowieso. Aber hier geht es nicht um Antiamerikanismus, sondern es geht um *Deep State America,* und das ist etwas ganz anderes. Die meisten Leute in Texas sind genauso nett wie Sie hier, das ist überhaupt nicht die Frage. Es geht hier *lediglich* um ein *emanzipiertes* Europa, ein Europa, das ohne Amerika auskommt beziehungsweise sich nicht an ihm orientieren muss; ein Europa, das nicht von ihm abhängig ist. Kurz: Es geht um ein Europa *ohne,* nicht *gegen* Amerika. Es geht um das, was die transatlantischen Beziehungen immer sein sollten, nämlich eine gleichberechtigte Partnerschaft. Das aber sind die transatlantischen Beziehungen heutzutage leider ganz und gar nicht.

Insofern steht als Motiv hinter dem Ukraine-Krieg von amerikanischer Seite das sogenannte *German Trade Surplus,* der deutsche Handelsüberschuss. Deutschland in zu engem Handel mit Russland und China, das ist den USA seit jeher ein Dorn im Auge. Vielleicht erinnern Sie sich an die Zeit der Bankenkrise? Da ist Deutschland ja gewissermaßen aus dem Euroraum ökonomisch ausgeschert und hat zeitgleich massiv seinen Handel vor allem mit China verstärkt. Der deutsche China-Export ist 2011 hochgeschnellt. Deutschland hat sich zu dem Zeitpunkt, als sich der Euroraum in der Bankenkrise befand, gleichsam nach Osten umorientiert. Es war die Zeit der BRICS-Staaten, also Brasilien, Russland, Indien, China und Südafrika. BRICS war gleichsam das Codewort für die neue Außenhandelsstrategie Deutschlands, für den Slogan des »Exportweltmeisters«, wie es damals hieß. Der erwirtschaftete deutsche Handelsüberschuss war dem deindustrialisierten Amerika, das nur noch vom GAFA-Komplex[21] lebt, stets ein Dorn im Auge.

---

21 GAFA: Abkürzung für Google, Amazon, Facebook, Apple (Anm. d. Red.)

In den USA wird praktisch nichts mehr produziert. Die Waschmaschinen sind von Miele, die Autos für die amerikanische Oberschicht von BMW. Das heißt, die Amerikaner brauchen Europa, besonders Deutschland, aber auch zum Beispiel Norditalien, vor allem den Mittelstand, weil sie selbst keine industrielle Infrastruktur mehr haben, kein *Industrial fabrics*. Und darum müssen sie Europa, vor allem aber Deutschland ökonomisch gleichsam in Schach halten beziehungsweise auf die USA hin ausrichten. Deswegen ist das jetzt, krude formuliert, das, worum es geht. Nämlich ob sich Europa von den USA ökonomisch wie eine Zitrone auspressen lassen will, oder ob es sich endlich politisch, strategisch und ökonomisch emanzipieren will. Ich persönlich wäre unbedingt für Letzteres.

Und das wiederum wäre nicht nur für Europa eine wichtige Frage beziehungsweise Entscheidung, sondern derzeit schaut die ganze Welt auf die Atlantische Allianz in diesem Krieg, die als »der Westen« übrigens ziemlich alleine dasteht. Afrika, China, Indien, Iran, Südafrika, Lateinamerika, nicht einmal Australien oder Neuseeland stehen uneingeschränkt hinter der westlichen Allianz oder sind eindeutig parteiisch gegen Russland. Nicht einmal Israel oder die Türkei sind es: klassische amerikanische Alliierte. Im Gegenteil gibt es eine Reihe von Ländern, zum Beispiel in Lateinamerika oder Iran, die seit Langem auch versuchen, sich von den USA zu emanzipieren. Anders formuliert: Immer mehr Staaten begehren gegen die globale Hegemonie der USA auf. Und in diesem globalen Kräftemessen wäre es eben überaus richtungsweisend und entscheidend, wohin sich Europa bewegt: in die

Emanzipation oder in eine noch größere Abhängigkeit von den USA. Und genau diese Frage wird derzeit im Ukraine-Krieg entschieden, und leider sieht es so aus, als geriete Europa mehr in amerikanische Abhängigkeit. Damit aber reduzieren sich auch die Chancen der anderen Länder, sich der amerikanischen Dominanz zu entziehen.

Wenn wir diesen Aspekt zusammen denken, mit dem, was ich eben zu Corona und Europa gesagt habe, nämlich dass ein emanzipiertes und politisches Europa zum globalen Akteur für eine anti-transhumanistische Agenda werden könnte – die ja wiederum zentral vom amerikanischen GAFA-Komplex heraus betrieben wird –, dann kann man ermessen, was derzeit gerade gespielt wird oder auf dem Spiel steht. Nämlich nichts Geringeres als die Frage, ob die europäische Emanzipation gelingt und Europa dann, in einem zweiten Schritt, zur Speerspitze einer globalen Koalition von Staaten werden könnte, die sich zum einen aus der amerikanischen Umklammerung löst und zum anderen die Transhumanismus-Agenda zum Stillstand bringt. Auch Russland wäre dafür ein natürlicher Verbündeter. Die Russen sind nämlich fast von Natur aus gegen den Transhumanismus. Das Erbe des 19. Jahrhunderts, die Bedeutung von Literatur, Musik und Philosophie ist dem Land und seiner Gesellschaft immer noch eingeschrieben. Russland hat im 18. und 19. Jahrhundert über die Künste seine Zugehörigkeit zu Europa definiert. Eine solche Wende könnte dann auch China die geistige Möglichkeit bieten, aus der »Chimerika«-Konfrontation auszusteigen. So eine globale Koalition mit einem emanzipierten Europa könnte auf UN- oder G20-Ebene eine machtvolle Koalition werden, denn die afrikanischen Staaten zum Beispiel waren bisher schon recht aktiv, z. B. die globale *Governance*-Agenda der WHO mit Blick auf das ins Auge gefasste, globale Impfregime zu unterminieren. Europa käme mithin eine *pivotal role* zu, eine Scharnierfunktion im Gefüge der internationalen Staatenwelt, wenn es sich emanzipieren und seine politische Sinnhaftigkeit mit der Bekämpfung des Transhumanismus verschränken würde.

So besehen ist die Diskussion über eine notwendige politische Union Europa und die perspektivische Kooperation dieses Europas mit Russland kein Selbstzweck mehr, wie vielleicht bisher, sondern würde in den Dienst einer internationalen Agenda gestellt, nämlich das Naturrecht, Souveränität, Würde, Selbstbestimmung über den Körper, persönliche Integrität und alles, was durch die transhumanistische Agenda abgeschafft oder kontrolliert werden soll, zu verteidigen.

Ich für meinen Teil wäre sehr daran interessiert, dass wir diese Fragen breit diskutieren beziehungsweise den Zusammenhang zwischen Corona, globaler biopolitischer und digitaler Agenda, dem Ukraine-Krieg und europäischer Emanzipation genauso thematisieren. Ich bin sicher, dass der Zuspruch zu einem politisch geeinten Europa – nicht der EU! –, also einem Europa, das als föderale Europäische Republik organisiert wäre und das keinen Zentralstaat oder die Aufgabe von Identität bedeuten müsste, deutlich wachsen würde, wenn das politische Projekt Europa gleichsam in den Dienst einer solchen internationalen Agenda gestellt werden würde und dafür bei anderen Staaten rund um den Globus sicherlich viel Unterstützung gewinnen könnte. Das ist mir wirklich ein Anliegen und für dieses Anliegen sollten wir uns einsetzen, weil Europa nämlich wirklich viel zu verlieren hat. Und andere große Kulturen wie Persien, Russland, Indien – bei China ist es ein bisschen anders gelagert, aber auch die Chinesen leiden unter der Amerikanisierung und haben einen Primat der Politik über die Wirtschaft bewahrt – haben ebenfalls kulturell, wirtschaftlich, sozial und strategisch viel zu verlieren, wenn die globale Dominanz Amerikas bestehen bleibt und die USA die transhumanistische Agenda weitgehend ungebremst durchsetzen könnten, die aber, mit Blick auf die Mensch-Maschine-Beziehung, buchstäblich das Ende des menschlichen Daseins bedeutet, wie wir es bisher kannten. Das wäre eine politische Herkules-Aufgabe, aber es geht um viel, buchstäblich um eine anthropologische Zäsur. Und wäre es nicht schön, wenn Europa hierfür sein ganzes Gewicht in die Waagschale werfen könnte? Den ganzen europäischen Reichtum, seine schönen Städte, seinen Sinn für Bürgertum, die demokratische Agora, die europäische Baukunst und Architektur, die europäische *République des Lettrès,* die europäische Wissensgesellschaft *par excellence,* die europäische *Geistes*geschichte, den Gedanken der Republik, die Gemeinwohlökonomie, das sozioökonomische Gewebe, also vor allem den Mittelstand und die dazugehörigen Sozialstrukturen, die es so nirgendwo anders auf der Welt gibt? Das alles ist der enorme kulturelle und industrielle Reichtum Europas, das alles sind Konzepte und Ideen, die soziokulturell in anderen Regionen und Kulturen der Welt anschlussfähig sein müssten. Natürlich nur, wenn Europa endlich auf den Dünkel eines (post)kolonialen Gehabes verzichtet.

Das wäre für mich persönlich der Ausgangspunkt, um diese zwei brandaktuellen politischen Themen, nämlich die bisher ohne Tiefe geführten Diskussionen über die Corona-Maßnahmen beziehungsweise den sogenannten »Great Reset«, sowie die Diskussion über den ebenso tragischen wie absurden Krieg in der Ukraine, über die Idee eines emanzipierten Europas miteinander zu verklammern, völlig umzudrehen und in eine andere politische Richtung zu führen.

MATTHIAS BURCHARDT: Ich glaube, es ist deutlich geworden, was Ulrike Guérot motiviert: dieses Anliegen der Europäischen Republik stark zu machen. Darin kommt zum einen eine Wertschätzung unserer Herkunft und Errungenschaften zum Ausdruck, und es ist zum anderen die Einsicht, dass die Institutionen, die bisher geschaffen wurden, eher einer Interessenlage geschuldet waren und ein Element von kreativer Zerstörung in sich getragen haben. Insofern ist sehr deutlich, dass von Ulrike keine Agenda vertreten, sondern ein politischer Vorschlag unterbreitet wird. Ich selber bin da ein bisschen bescheidener. Mir würde es schon reichen, wenn ich im Winter noch genug Strom habe, was zu essen und über die Straße gehen kann, ohne dass mir jemand den Schädel einschlägt. Welche Bedingungen wir dafür brauchen, das müssen wir gemeinsam schaffen.

Wir hatten vereinbart, dass wir noch ein bisschen mit den Anwesenden diskutieren. Möchtest du vorher noch irgendetwas erzählen?

Ulrike Guérot: Okay, dann nehme ich das zum Anlass für meinen letzten Satz zum Thema Republik – denn die Republik ist eine Frau. *(lacht)*

Matthias Burchardt *(ironisch):* Ich glaube, das möchte ich gar nicht mehr hören.

Ulrike Guérot: Es gibt ein großartiges Bild von Delacroix in Paris, gemalt 1848, also im Jahr der europäischen Revolutionen. Da sitzt *Madame la République* auf einem Thron und hält an jeder Brust einen Bürger-Säugling. Die Republik nährt also ihre Bürger, sie verrät sie nicht – das sagt das Bild. Ich finde das als Imago so wahnsinnig aussagekräftig. Die Demokratie hat kein solches Bild. Doch die République ist eine kräftige Frau und Mutter mit zwei prallen Brüsten, und hält an jeder Brust einen Bürger. In dem Republik-Begriff ist also viel zu holen, er ist normativ reicher als der Begriff der Demokratie. Deswegen bemühe ich mich immer so, den Republik-Begriff wieder in die öffentliche Debatte zu bringen. Im Republik-Begriff – *res publica,* die öffentliche Sache – ist eine politische Ordnung impliziert, in der es um das Gemeinwohl geht. Das ist etwas anderes als eine Ordnung, in der a priori jeder machen kann, was er will. Dieser Unterschied ist nicht trivial. Er geht letztlich zurück auf die Unterscheidung zwischen *Freiheit von* und *Freiheit zu.* Der normative Begriff für eine konstitutive Ordnung, also eine normale Verfassungsordnung, ist immer die Republik, zum Beispiel Bundesrepublik Deutschland, République Française, Repubblica Italiana usw. Wir sind eben nicht die Bundes*demokratie* Deutschland. *(lacht)*

Nachwort

Nein, wir sind nicht die Bundesdemokratie Deutschland. Wir sind die Bundesrepublik Deutschland. Eine Republik, wie stolz das klingt. Aber wissen wir noch, was eine Republik sein könnte? Und wer oder was ist dieses »Wir«, das etwas weiß oder nicht weiß? Bedeutet die Französische Revolution für Europa etwas? Oder wurde sie durch immer neu ausgestattete Farbrevolutionen ersetzt.

Die vom WEF geplante Aushöhlung der Nationalstaaten durch technisch kontrollierte Beglückung muss in Bürgerkriege führen. Wie immer dieser kulturelle Kahlschlag benannt wird, er zwingt Menschen, sich gegen diesen neuen radikalen Herrschaftsanspruch zu wehren. Wie auch immer getarnt – als Farbrevolution, als aktivistische Bewegung zur Menschheitsrettung oder simple Kriminalität –, dieser Kampf um die weltweite Vorherrschaft des WEF, dieser kleinen mächtigen Gruppe selbst ernannter Vordenker, produziert und braucht Bürgerkriege, um seine eigene globale Herrschaft durchzusetzen. Das Abschaffen der nationalen Kulturen muss Gefolgschaft verlangen und Unterwerfung erzwingen. Es kann dann keine sich spontan entwickelnde öffentliche Sprache mehr geben. »Das mediale sprachliche Diktat ist angesagt, die Tyrannei der Intimität täuscht Differenz vor.«[22]

---

22 Richard Sennett, *Verfall und Ende des öffentlichen Lebens. Die Tyrannei der Intimität,* Fischer 2004

Der Transhumanismus braucht keine vielfältigen Kulturen. Denn Transhumanismus kennt keine Menschlichkeit.

Die Republik spielt in diesen Planungen keine Rolle. Technik ist das Stichwort, hinter dem transhumane Herrschaftsformen die Zwischenmenschlichkeit in den Mülleimer labeln. Weltweite Unternehmungen dieser Institution werden hinterrücks als Personalpolitik in Nationalstaaten eingeschleust. Die Anmaßung von Davos darf nicht infrage gestellt werden. Ausgleich steht nicht auf dem Programm. Kultur wird zur Bestätigung von Siegern, statt Fragen an das Leben zu stellen. Aktivisten der Eindimensionalität besetzen die öffentlichen Räume.

Wo bleibt die Republik? Verschwindet sie im Keller der herrschenden Weltverbesserer? Missionieren wir uns und andere hemmungslos in das Verwerfen der Geschichte? Gestatten wir, dass Einseitigkeit und dreiste Vorgabe von Scheinlösungen unsere Fähigkeit der Empathie negieren? Das wäre zu traurig! Was tun?

Hören wir Ulrike Guérot beim Denken zu. Zum Überleben brauchen wir Menschen das Verständnis der Wirklichkeit. Propaganda kann uns verblöden, doch das Leben selbst zwingt uns, neu nachzudenken. Niemand kann sich dem entziehen. Die Ergebnisse der Anstrengung sind ungewiss und doch ist die Anstrengung unvermeidlich. Denken ist eine Tatsache unserer Existenz und endet nicht in manipulierten Informationen.

Ulrike Guérot nimmt uns mit ins freie Spiel der Begriffe, des immer neuen Verstehens von Zusammenhängen. Es ist eine Freude, ihrem lebendigen Umgang mit Kategorien, historischen Tatsachen, Fragen und Antworten an unsere Wirklichkeit *nach-zuspüren* und darüber *nach-zudenken*. Politikwissenschaft kann schön sein!

Ulrike Guérot hat unter Bedingungen, die genau das nicht gestatten – nämlich Fragen zu stellen, Differenzen zu benennen –, im öffentlichen Raum ihre Popularität eingesetzt, um Räume für ein selbstständiges Verständnis von Realität zu fordern und zu fördern. Das ist im Moment ein hoher Einsatz gegen die eigene Karriere. Doch »der entleerte Erfolg«[23] kann nicht menschliches Glück bedeuten. Ulrike Guérot macht uns Mut, uns selbst zu vertrauen, unserer eigenen Beobachtungsgabe zu glauben, unsere Fähigkeit zur Empathie zu erleben und zu begreifen, dass Verstehen wichtiger ist, als recht zu haben.

Ich wünsche ihr Glück und sage: Danke, Ulrike Guérot.

Im Januar 2023
Gabriele Gysi

---

23 Michael Andrick, *Erfolgsleere*, Karl Alber 2020

Das Anti-Ärger-Buch ist ein konkurrenzloses Feuerwerk kluger Ideen, aber auch ein Leitfaden auf der Entdeckungsreise zu sich selbst und für ein ausgeglicheneres, entspannteres Leben.

Ärger schadet uns und unserem Immunsystem. Deshalb ist es wichtig – auch um unserer Gesundheit willen – zu lernen, bewusst mit ihm umzugehen. In den vier Jahrzehnten ihrer Arbeit hat Vera F. Birkenbihl eine Fülle von alltagstauglichen Anti-Ärger-Strategien entwickelt, von denen sie hier die 59 besten präsentiert. Statt sich jeweils nur auf Theorie oder Praxis zu beschränken, liefert das vorliegende Buch sowohl eine interessante Einführung in die wissenschaftlichen Grundlagen als auch einen umfangreichen Praxisteil. Schon der Blick ins Inhaltsverzeichnis gibt einen Vorgeschmack auf die überraschende Bandbreite der vorgestellten Anregungen und Methoden. Das herausnehmbare »Gefühlsrad« zeigt Ihnen zudem, in welcher Stimmungslage Sie sich gerade befinden – ein spielerischer und zugleich ernsthafter Weg, sich mit seinen Emotionen auseinanderzusetzen.

ISBN 978-3-98584-237-7

Überarbeitete Neuauflage! Im ersten Teil dieses Buches zeigt die Bestseller-Autorin anhand zahlreicher Fallbeispiele, wie wichtig Sprachbilder und emotional ansprechende Geschichten – also Storys – für jeden von uns sind. Dies gilt auch für Menschen, die das nicht glauben wollen, denn Storys beeinflussen unser Denken und Handeln ganz unmittelbar. Sie prägen unser Weltbild und die Art, wie wir uns selbst sehen. Im zweiten Teil gibt uns Vera F. Birkenbihl einige Storys mit auf unseren Lebensweg.

Dieses Buch ist ein Buch-Seminar: Es enthält alles, womit wir unser Privatseminar gestalten können, inklusive kleiner Trainingsaufgaben. So stellen sich sofort prägende Aha-Erlebnisse ein und wir haben Spaß an den Veränderungen, die dieses Buch bewirkt.

»Die Macht der Geschichten sollte jedem, der mit Menschen zu tun hat und sich selbst besser verstehen will, bewusst sein. Absolut empfehlenswert!«

»Die Autorin ist glücklicherweise KEINE trockene Theoretikerin. Nicht nur wer häufig Vorträge hält oder Gruppen motiviert, sondern auch wer sich sozial weiterentwickeln will, wird dieses Buch sehr schätzen.«

ISBN 978-3-98584-200-1

Seit dem Jahr 2020 gibt es nicht nur in Deutschland eine fortwährende Reihe von Grundrechtseinschränkungen, wie man sie in einer Demokratie niemals erwartet hätte. Das Grundrecht auf freie Meinungsäußerung, das unter anderem als Demonstrationsrecht in Artikel 8 des Grundgesetzes verankert ist, wird entweder durch abstruse Auflagen beschnitten oder mit fadenscheinigen Argumenten und Unterstellungen seitens der Behörden vollständig ausgehöhlt. Der Staat wird immer autoritärer, seine Politiker bevormunden die Bürgerinnen und Bürger und die Leitmedien definieren im öffentlichen Diskurs einen Meinungskorridor, innerhalb dessen man sich zu bewegen hat.

Dieser ungewöhnliche Fotoband dokumentiert das Demonstrationsgeschehen auf den Straßen von Berlin, Hannover, Leipzig, Dresden usw. Er zeigt mutige Menschen, die ein freies und selbstbestimmtes Leben wollen. Es sind Menschen, die direkt mit der Staatsmacht konfrontiert werden. Er zeigt die Sorgen und Ängste, die die Menschen auf die Straße treiben. Und er zeigt die Machtspiele eines Staates, der den Kontakt zu seinen Bürgern bereits völlig verloren zu haben scheint.

ISBN 978-3-98584-236-8

Lüge und Wahrheit liegen oft näher beieinander, als du glaubst. Oftmals halten wir Lügen für Wahrheiten, obwohl sie bereits widerlegt sind, weil sie ganz gezielt tief in uns verankert wurden. Wie bei der Bühnenshow eines Magiers ist es schwierig herauszufinden, was wirklich dahintersteckt. Und nun fragen wir dich: Möchtest du die blaue oder die rote Pille nehmen?

Auf den 384 Seiten unseres Buches nehmen wir dich mit auf eine Reise durch unser System. Das System der westlichen Welt. Ein System, das scheinbar stabil, sicher und gerecht ist. Oder doch nicht?

Gemeinsam schauen wir uns die Manipulationstechniken und Kommunikationsmechanismen der Meinungsmacher an. Wie funktionieren Massenpsychose und Konditionierung und wie wird mit Whistleblowern wie Julian Assange und Edward Snowden umgegangen? Wie werden wir bereits in der Schule von bestimmten Narrativen geprägt? Weitere Themen: Gesundheitssystem und das Geschäft mit der Krankheit, der Bio-Kult, die weltweite Agenda der Corona-Maßnahmen, Geopolitik und die Planung der Welt, The Great Reset, Problematik des Geldsystems, Steuern, Kryptowährungen, Klimawandel, Philanthropen, Stiftungen usw.

GLAUBE nicht einfach, was in unserem Buch steht, sondern recherchiere selbst. Denke nach und mach dir dein eigenes Bild. Mach deine Meinung und Denkweise nicht von einem anderen Menschen abhängig. Als unabhängiger, selbstbestimmter und freier Mensch stehen diese Aufgaben allein dir zu.

„Die wohl umfassendste Zusammenfassung über das Missmanagement der politischen Klasse. Geballte Hintergrundinfos zu den Herausforderungen unserer Zeit, mit reichlich Quellenverweisen versehen."

Ernst Wolff, Journalist und Finanzexperte

ISBN 978-3-98584-237-7

Das im Schweizer Kanton Genf angesiedelte World Economic Forum hat es seit seiner Gründung 1971 geschafft, zu einer Schaltzentrale globaler Macht zu werden. Seit über 50 Jahren versammelt es die Spitzen aus Politik, Wirtschaft, Wissenschaft, Medien, Gewerkschaften, NGOs, Kultur und Kirchen, vernetzt sie untereinander und bringt sie mit den reichsten Menschen der Welt zusammen.

Zudem bildet es seit mehr als 30 Jahren die korporative und politische Elite der Welt aus. Ob Bill Gates, Jeff Bezos, Jack Ma aus der Wirtschaft oder Angela Merkel, Emmanuel Macron, Viktor Orbán oder Wladimir Putin aus der Politik – sie alle sind als »Global Leaders for Tomorrow« oder als »Young Global Leaders« durch die Schule des WEF gegangen.

Kein Wunder also, dass der Gründer des Forums, der deutsche Professor Klaus Schwab, als eine der einflussreichsten Persönlichkeiten der Gegenwart gilt. Aber wie weit geht sein Einfluss? Kann es sein, dass das WEF inzwischen so mächtig ist, dass Schwab mit seinem im Juli 2020 erschienenen Buch »Covid 19 – The Great Reset« sogar das Drehbuch zur aktuellen Weltkrise geschrieben hat?

Dieser und vielen weiteren Fragen um die Entstehung und die Geschichte einer der schillerndsten Organisationen der Zeitgeschichte geht der Journalist Ernst Wolff in seinem neuen Buch auf den Grund.

ISBN 978-3-98584-231-8